刘梅秀　杨超　主编

老年·文化概论

LAO NIAN
WENHUA GAILUN

中国社会出版社

国家一级出版社·全国百佳图书出版单位

图书在版编目（CIP）数据

老年文化概论 / 刘梅秀，杨超主编 . -- 北京 ：中
国社会出版社，2024. 8. --（老龄化治理丛书）.
ISBN 978-7-5087-7079-6

Ⅰ . D669.6；G249.2

中国国家版本馆 CIP 数据核字第 2024FM4108 号

LAO NIAN
WENHUA GAILUN

老年文化概论

出 版 人：程 伟

终 审 人：陆 强

责任编辑：马 岩

装帧设计：李 尘

出版发行：中国社会出版社

　　　　　（北京市西城区二龙路甲 33 号　邮编 100032）

印刷装订：北京联兴盛业印刷股份有限公司

版　　次：2024 年 8 月第 1 版

印　　次：2024 年 8 月第 1 次印刷

开　　本：170mm×240mm　1/16

字　　数：200 千字

印　　张：14

定　　价：68.00 元

客服热线：(010) 58124852　投稿热线：(010) 58124812　盗版举报：(010) 58124808

购书热线：(010) 58124841；58124842；58124845；58124848；58124849

目 录
CONTENTS

第一章　老年文化的内涵

联合国发布的《世界人口展望 2022》报告，预测全球 65 岁及以上人口的比例将从 2022 年的 10% 上升到 2050 年的 16%。人口老龄化是经济社会发展的重要趋势，是人类文明进步的重要体现，也是今后较长一段时期中国的基本国情。"十四五"时期中国将进入中度老龄化阶段，老龄化率将超过 20%；2035 年前后进入重度老龄化阶段，老龄化率将超过 30%；2050 年前后，我国老年人口将接近 5 亿人，占比达到 36% 左右，老年人口规模及比重相继达到峰值。① 老龄化已然成为一个重大的社会问题。老年人有着强烈的精神文化需求，渴望拥有丰富多彩的文化生活，加强新时代老年文化建设需要提上日程。老年文化作为文化的一部分，在不同的历史时期呈现出不同的方式，如先秦时期的养老礼制；秦朝到新中国成立前，维护统治阶级的孝文化；新中国的中西文化融合下孝文化的批判与继承；新时代有着中国特色的文化养老观。遗憾的是，在漫长的历史长河中老年文化并没有形成全面系统的理论，缺乏系统研究。如今，在老龄化大趋势下，有必要将中国的老年文化系统化，形成自成体系的中国老年文化体系。

第一节　文化的内涵

老年文化对于新时代的人们来说既陌生又熟悉。当前，老年文化在

---

① 国家卫健委 . 2035 年左右中国进入重度老龄化［EB/OL］.（2022-09-20）［2022-09-10］. https://m.thepaper.cn/baijiahao_ 19980058.

中国没有系统的理论研究，只是零散地在不同领域有所表现，或者说人们更愿意将其等同于中国传统的孝道文化。其实不然，何为老年文化？老年文化在中国漫长的历史过程中经历了什么，如今发展如何？这是本章要重点讨论的内容。从老年文化的内涵出发，在探讨其与文化、老年人文化等概念之间的关系中得出老年文化的一般性概念。

一、中国语境下的文化内涵

人们常说，不识字，要学文化；不讲礼貌，言行粗鄙，要提高文化素养，这是一些对"文化"粗浅的理解。究竟何为"文化"？当前世界上关于"文化"的定义有几百种。显然，"文化"一词的定义并不是固定的，在不同的领域可以有不同的见解。然而，文化内涵的变化离不开其产生之始最为朴素的内涵。换句话说，"文化"一词在当前拥有的不同观点是在最为原始的基础上，结合所站角度进行不断丰富和完善的。所以要想得出"文化"的内涵，应该溯其根源。

自人类社会产生后，文化就已现实存在。中华先民很早就对"文化"产生了认识。在西汉以前，"文"和"化"是分开的，还没有"文化"一词的说法。"文"与"化"各自有着不同的含义。《说文解字》曰："文，错划也，象交文"，"文"的本义是指各色交错的纹理。其引申义为：其一，包括语言文字在内的各种象征符号，以及文物典章、礼乐制度等；其二，由伦理之说导出彩画、装饰、人为修养之义，与"质""实"对称；其三，含有美、善、德行之义。"化"的本义为变易、生成、造化，可指实物形态或性质的改变。"文化"一词最早出现于西汉时期著名学者刘向所撰写的《说苑·指武》。战国时期的《周易》中："观乎天文，以察时变；观乎人文，以化成天下。"这里的"文"字，从纹理义演绎而来，"天文"指日月星辰等天体分布、运行的现象。"人文"指人类社会的文明礼仪及各种文化现象。以"人文""化成天下"，使天然世界变成人文世界，便是中国古哲赋予"文化"的内涵。它已相当逼近现代学术界所揭示的"文化"的本质意蕴——"人类化""自然的人化"。西汉刘向在《说苑·指武》中写道："凡武之兴，为不服也；文化不改，然后加诛。"可见，在西汉时期，"文化"是指以"文"去"化"之，即是与"武化"相对的文治教化。① 从中可以看出"文"是"文化"含义的基础与核心，关键在"文"，核心在"文"。西汉以后，"文"与"化"逐渐演化成一个合成词，具有"文治"和"教化"之意。② 对于现代"文化"概念在中国的形成，学者黄兴涛将其约略划分为甲午以前的酝酿，戊戌时期及稍后几年广义"文化"概念也即"文明"概念的确立和广泛传播，以及新文化运动时期狭义"文化"概念勃兴、与广义"文化"概念并行的三个阶段。③ 学者何平在《中国和西方思想中的"文化"概念》一文中将现代文化的发展划分为两个阶段，他认为现代文化概念产生于保守主义对现代西方文明挑战的应战过程中，由"国粹主义史学"来完成。④ 如今，对于文化内涵的讨论还没有结束，分析性范畴的文化概念在被广泛使用，即各家学派、学者、学科可以按照自己的理解对文化进行定义。分析性范畴的文化概念终归是在描述性范畴达到文化概念下延伸出来的，需要把握住最一般的、本质的文化内涵，这就需要站在哲学的角度来讲。马克思主义哲学认为，广义的文化是人类在社会发展中创造的物质财富和精神财富的总和，人类所进行的劳动、交换、分配等一切实践活动都是文化产生的根源。而狭义的文化是社会意识形态所创造的精神财富，包括宗教信仰、风俗习惯、道德情操、学术思想、文学艺术、科学技术、行为规范、思维方式、价值观念等。文化是相对于经济、政治而言的人类全部精神活动及其产品，是人类在其社会历史发展中不断创造、总结、积累下来的物质财富与精神财富的总和，其中既包括世界观、人生观、价值观等具有意识形态性质的部分，又包括自然科学、技术、语言和文字等非意识形态的部分。因此，文化是历史发展的

---

① 黄兴涛. 晚清民初现代"文明"和"文化"概念的形成及其历史实践 [J]. 近代史研究，2006（6）：1-35.

② 尤学文. 文化育人 [M]. 银川：宁夏人民出版社，2015.

③ 同①.

④ 何平. 中国和西方思想中的"文化"概念 [J]. 史学理论研究，1999（2）：68-79+159.

体现，文化在客观上存在着一种极其强烈的、割舍不断的历史传统性质。

二、西方语境下的文化内涵

在西方，"文化"一词起源于古拉丁语"colere"，是"居住、培植、保护、尊崇"的意思，后来"cultura"一词从"colere"中延伸而出，意为"土地耕种"。文艺复兴时期，古罗马政治家西塞罗将"精神修养"比作"耕耘了的生长果实的土地"。16世纪，cultura开始同人的发展的概念紧密相连，德国学者塞缪尔·冯·普芬多夫（1632—1694）用cultura指个人或社会的智慧和情操方面的发展，包括所有那些人创造的，而不是自然给予的。18世纪中叶，德国将cultura作为"文明"的同义语，指"成为文明的人和受到教育的人的一般过程"①。德国思想家赫尔德（1744—1803）在其著作中将"文化"一词的词尾表现为复数的形式出现，"文化"作为一个名词被理解为某一特定社会的生活方式的总和，非常接近于人类学和民族学的文化概念。到19世纪，特别是在德国，"文化"一词与"文明"一词的词义相分离，在19世纪中叶，赫尔德的文化概念开始被许多德国学者接受，文化开始作为一个描述性范畴被使用，包括"某一社会人类活动的物质的、技术的、智慧的和艺术的诸方面的"总和。② 到19世纪末叶，英国人类学家E.泰勒在其著作《原始文化》中写道："从人种学的广阔角度来理解……文化是人作为一个社会成员所获得的那些能力和习惯的复杂整体，包括知识、信念、艺术、道德观、法制观念、习俗等等。"③ 自那以后无数学者按照自己的理解使用文化这一概念并定义它，到如今，分析性范畴的文化概念仍在诸多国家被广泛

---

① RAYMOND W. Keywords：A Vocabulary of Culture and Society［M］. Oxford：Oxford University Press，1976.

② RITTER H. Dictionary of Concepts in History［M］. New York：Greenwood publishing Press，1986.

③ TYLOR E B. Primitive Culture［M］. London：John Murray，1871.

使用。① 可见，"文化"的概念在西方发展日益多元化，在不断地丰富与完善。

三、整合性的文化内涵

本书所要探究的"文化"与老年文化息息相关，对于文化的定义则是从社会学入手，站在社会学的角度进行阐释，属于分析性范畴文化的定义，以帮助系统地研究老年文化。关于文化的定义，有学者认为，"文化是在社会交往中直接地和非直接地"学会的。它包括至少五个层面的含义：（a）认知层面，关于物质世界和人类社会的知识；（b）信念；（c）价值和规范；（d）符号；（e）行为的非规范方式。②文化体现为三个主要方面：（a）物质文化；（b）语言，"艺术、科学、运动和宗教"；（c）"所有具有象征性价值的东西——是非观念、信念、规则和规范，关于身份的适当的文化定义、道德的和审美的价值。"③可见，社会学家更多的是从文化行为模式对于社会结构的意义出发形成分析性范畴的文化概念，研究的最终目的是文化对社会进步和发展的意义和价值。

第二节　老年文化的内涵

理解老年文化的内涵，需要从容易与其混淆的其他概念入手，厘清老年文化与其他与之相近的、容易混淆的概念之间的关系，以便对老年文化的内涵有更为深刻的理解。下面将详细阐述文化与老年文化、老年文化与老年人文化之间的关系，进而进一步深刻揭示老年文化的内涵。

一、文化与老年文化

对于文化的内涵前一节有详细的阐述，在此基础上将厘清文化与老

---

① 何平. 中国和西方思想中的"文化"概念 [J] . 史学理论研究, 1999 (2): 68-79+159.

② JOHNSON H M. Sociology: A Systematic Introduction [M] . London: Routledge & Kegan Paul, 1961.

③ GOLDTHORPE J. An Introduction to Sociology [M] . Cambridge University Press, 1985.

年文化之间的关系。它们两者之间的关系其实不难理解与区分，是整体与部分的关系，或者说是系统与要素的关系。文化作为一个整体由诸多部分组成，如茶文化、饮食文化、中原文化、中国文化、西方文化、传统文化、现代文化等。文化内涵丰富，涉及种类繁多，站在不同的角度划分自然也就不同。从不同社会年龄群体的角度可以将其划分为青年文化、中年文化和老年文化等。也就是说，老年文化是文化这个庞大系统的其中一支。需要注意的是，老年文化虽说是文化的一部分，但又与文化有区别，一是含义上，老年文化的含义从字面上就可以看出是以老年人为主体形成的物质财富和精神财富的总和；二是特点上也不尽相同，文化尤其是中国文化的特点是源远流长、博大精深，老年文化在不同时期有着更加具象化的存在形式，这也就造成了不同历史时期老年文化自身表现出各自独特的内容。

总而言之，了解老年文化的内涵，必须从文化入手，在理解文化的本质的基础上再对老年文化进行定义，才能更全面、更为深刻地理解老年文化。

二、老年文化与老年人文化

提及老年文化，人们通常认为它是关于老年人的文化总和，将老年文化与老年人文化混为一谈。现有的一些关于老年文化的文献资料中有不少将老年文化直接定义为老年人文化，认为老年文化就是关于老年人群体所形成的文化；或者有人在概念上将其进行了区分，但是在实际运用或者具象化过程中又直接将其等同于老年人文化。这表明老年文化和老年人文化这两个概念容易混淆。

老年文化与老年人文化有着一定的差别。姚远在概念上将老年文化与老年人文化进行了精确的区分，认为两者在概念上存在着范畴、特质、内涵与立场等的不同，同时在层次与功能上具有紧密的联系。① 可以说老年文化与老年人文化之间的关系其实同文化与老年文化之间的关系一样，

---

① 姚远. 关于中国老年文化的几个理论问题 [J]. 市场与人口分析，2000（2）：54-60.

都是整体与部分的关系，老年人文化是老年文化的一部分，除了老年人文化，还有老年文体活动、传统的孝道文化、养老制度等。可见，若是简单地将老年文化等同于老年人文化那就太过狭隘了，无法系统、全面地涵盖所有的内容。姚远将老年文化划分为四部分，分别是老年物质文化、老年制度文化、老年行为文化和老年精神文化，较为全面地将老年文化的内容囊括其中。不过，本书所要探讨的老年文化是基于新时代较为典型的、人们重点关注的，并能有效推动中国积极老龄化发展的老年文化内容。

三、老年文化的内涵

通过前面对老年文化与文化、老年人文化等概念之间的关系的详细阐释，我们对于老年文化有了更为深刻的理解。针对老年文化的内涵，学术界颇有争议。有的学者将老年文化定义为以老年人为主体的文化，例如宋惠昌认为老年文化是谈老年人这个群体的自我意识的，是谈现代社会的老年人应当具有的一些自我道德意识。① 宋惠昌要表达的老年文化是指以老年人作为文化主体，在当今日益复杂的科技信息时代，老年人具有的观念、意识、思想及行为也应该因时而变，树立符合新时代社会的老年文化，具体表现为应该树立平等、开放、终身学习、自知之明的老年意识。他的这个观点其实是与老年人文化相混淆了，将老年文化等同于老年人文化，且更多地强调自我意识，更多地谈论老年文化中的精神文化方面的内容。有的学者则认为不能将老年文化定义为老年人文化，还有的学者将老年文化定义为既包括老年人自身建设的文化也包括社会建构的老年文化。更有的学者简单地将老年文化等同于"孝文化"、"尊老文化"或者"老年文化活动"。陈友华认为，老年文化是反映老年人思想、爱好、习俗、物质和精神生活的各种活动，以及人类社会对老龄问题的存在、发展的认知和对策的意识形态。② 倪洪兰认为，老年文化隶属

---

① 宋惠昌. 简论现代社会的老年文化 [J]. 道德与文明, 1999 (5): 42-43.
② 陈友华. 社会变迁与老年文化重构 [J]. 人口与发展, 2013, 19 (5): 78-88.

于社会学范畴，应该站在社会学的角度将老年文化划分为物质、制度、精神和行为四个方面，关注老年文化的社会功能、社会态度、社会动机等。①

综上所述，集各家之所言，本书认为老年文化应从社会学的角度出发，将其定义为在社会整个大环境中，以老年人为特殊主体，人类社会对其特殊主体生发出来的问题、发展认知及对策的各类活动和意识形态的总和。这是基于已有研究成果形成的有关老年文化的内涵，本书讨论的老年文化的内容也将从这个定义出发，以此为基础，形成关于老年文化系统的、理论性的研究成果。

第三节　老年文化的代表

老年文化作为一个系统，内容繁多复杂，从其定义来看，它是在人类社会中以老年人为特殊主体的各类活动与意识形态的总和。本书从物质、制度、精神和行为四个方面对老年文化的内容进行全面概括，但为了让人们更加了解老年文化，本书将这四个方面具象化，即结合新时代的背景，以较为典型的老年养生文化、老年书法文化、老年红色文化等将抽象化的老年文化内容具体化，以便让大家更好地理解当下的老年文化，助推中国积极老龄化发展。

一、老年养生文化

养生，是一个具有浓厚中国文化色彩的词语。中国可谓养生大国，对比其他国家，无论是过去还是现在，中国人内生的养生意识十分强烈。养生文化自先秦以来就有记载，随着时间的推移，养生文化逐步发展壮大，呈现出百花齐放的局面。

（一）老年养生文化的形成原因

身体器官衰退是老年养生文化形成的自然原因。老年人不同于其他

---

① 倪洪兰．论老龄社会背景下江苏老年文化的创新［J］．唯实，2011（10）：88-91.

任何一个年龄阶段的人，属于人的生命阶段过程中的最终时期，是一个不断凋零、走向死亡的阶段，在这一阶段最为显著的特征便是老年人的身体器官正在走向衰退，身体出现各种问题。上了年纪的人深切地感受到自己身体一天不如一天，因此他们有强烈的保养意识。对于死亡的畏惧、病痛的体悟，促使他们更有动力持续学习养生知识以期长寿。例如，老年人在冬天穿得特别厚实，每天坚持泡茶喝热水，坚持饭后散步，清晨打太极、做八段锦等。老年人在探索养生的过程中所进行的一系列实践活动形成了老年养生文化。

巨额的医疗费用是老年养生文化形成的经济原因。老年人希望保护好自己的身体，尽量不生病。因为老年人生病不同于年轻人，恢复得慢，所花费的医疗费用也不菲。目前来说，中国的经济发展速度快，但仍不属于发达国家，围绕老年人的医疗保障问题不够完善，还远未做到全覆盖。同时，老年人因身体器官衰退会出现一系列的老年人常见疾病，如高血压、冠心病、糖尿病、骨质疏松、老年痴呆等。这些老年病对于老年人来说是身体上和精神上的折磨，同时还要担心家庭的经济压力，在这双重的压力下，步入老年阶段的老年人自然而然地就会关注养生，学习养生知识，不断探索养生的方法。

最后，我国医疗水平还处在不断向前发展的阶段，很多老年疾病就目前的医疗水平，短时期内是无法治疗的，只能通过中医养生减缓老年疾病的发生率。这些都催发了老年养生文化的形成。

（二）老年人养生文化的理念：主动健康

新冠疫情加速了国人对传统"被动健康"观的扬弃，"主动健康"已成为越来越多人的共识。《"健康中国2030"规划纲要》《健康中国行动（2019—2030年）》都提到每个人是自己健康的第一责任人。与之相交织的背景是我国深度老龄化进程正加速，积极应对老龄化成为国家战略。《中共中央 国务院关于加强新时代老龄工作的意见》《国家积极应对人口老龄化中长期规划》等都将老年人健康置于应对老龄化问题的关键位置。2022年国家卫生健康委、教育部等15个部门联合印发《"十四五”健康老龄化规划》，其中的首要任务就是提高老年人主动健康的能力。在这多重背景下，主动健康成为老年人的健康文化理念。

对任何社会个体而言，健康是其“可行能力”的基础，新冠疫情是对国人健康的一次严峻挑战。对各方面产生了深远影响，释放出全民对体育锻炼、健康教育以及生命教育的强烈需求。如果说以往人们的健康意识属于若隐若现的隐性阶段，那么疫情使人们的健康意识和生命意识得到了空前的激发和唤醒，也促使我国疾控体系加速转向主动健康模式，客观上产生了构建更加积极主动的健康治理体系的需求。

不同社会阶段的主要健康威胁不同。前现代社会，健康威胁主要来自营养不良和传染病；现代社会，随着人口老龄化加剧，疾病谱发生重大变化，各种慢性疾病、功能性疾病成为公众健康的主要威胁，而传统的治疗模式导致国民总医疗费用不断攀升并逐渐成为不可承受的负担。在此背景下，发达国家根据健康国家建设理念的更新，逐步调整和完善本国的健康国家战略。美国是世界上最早实施健康战略的国家，突出大健康理念与健康预防、多方合作、共同分担责任。日本政府“健康日本21”第二期（2013—2022）提出了“运动第一，饮食第二，坚决禁烟，最后才是药物”。健康教育对健康行为的养成具有促进作用，体育运动能成为人们践行健康生活、促进健康的重要影响因素。国内，越来越多的学者认为个体健康生活方式对居民健康影响甚大。2015年，科技部确定了“主动健康”概念，《“健康中国2030”规划纲要》明确每个人成为自己健康的第一责任人。2019年《国务院关于实施健康中国行动的意见》标志着主动健康理念成为我国未来健康保障体系的重要内容。

主动健康是依照复杂性科学理论，人体可在远离平衡态形成自组织行为，通过主动对人体施加可控的刺激增加人体复杂性，从而达到健康干预的目的。[①] 主动健康就是主动获得持续健康的能力、拥有健康完美的生活品质和良好的社会适应能力。积极心理学将主动健康量化为生理、

---

① 李祥臣，俞梦孙. 主动健康：从理念到模式 [J]. 体育科学，2020（2）：83-89.

心理和功能资产。① 其倡导主动发现、科学评估、积极调整和促进健康的理念,强调从整合观到整体观,注重"健康储备",这一理念将成为我国未来医疗健康的主流。主动健康理念在个体、社区、城市和社会上多维度得到广泛倡导。在个体层面,当前我国城乡居民总体健康素养水平还很低,健康生活方式与行为素养提升较慢,维护和促进健康的能力不强。② 针对被动接受健康信息、缺乏合理的健康规划、健康行为落实不力、存在侥幸心理、病急乱投医被动治疗等行为,应树立主动健康理念,加强健康教育、打造主动健康家庭,营造主动健康氛围。社区层面,主动健康融入社区慢性病管理,建构主动健康智慧社区平台,形成主动健康社区模式。城市层面,主动健康促进城市公园建设,系统构建主动健康城市。社会层面,主动健康建设核心是个人对自身健康负责、自律形成健康生活方式以及健康社会环境与社会氛围。

将主动健康与老年人关联,专门讨论老年人主动健康的成果在 2019 年后逐渐增多。我们应当将主动健康理念融入老龄化问题应对策略。老年人"主动健康"最关键的内容就是需要老年人积极主动地参与健康促进,老年个体成为应对健康危机的主体,老年人个体也成为维持身体健康、延长自身寿命的重要力量。被动健康观是年轻社会的产物,但面向老龄社会和人类普遍长寿的客观趋势需要主动健康观。这与世界卫生组织积极倡导"健康老龄化"战略,凸显老年人的主体性地位一脉相承。具体的实践上,加强健康教育是落实健康第一理念的最佳路径,推进体育健康教育是推进健康关口前移的基本途径。心理调适能够促进老年人主动健康,提升了社区养老服务成效。运动是老年人主动健康的重要组成部分,"体医结合"构建主动健康的"体育健康行动计划"③ 被视为化解急速老龄化与健康中国建设的"良药"。传统武术、太极拳对老年人主

---

① SELIGMAN M E P. Positive Health [J]. applied psychology, 2008 (57): 3-18.

② 申曙光,曾望峰. 健康中国建设的理念、框架与路径 [J]. 中山大学学报(社会科学版), 2020 (1): 168-178.

③ 董传升. 走向主动健康:后疫情时代健康中国行动的体育方案探索 [J]. 体育科学, 2021, 41 (5): 25-33.

动健康有积极的意义。居家养老方面，已经探索了"主动式居家养老模式""智慧居家养老信息平台"建设与管理。科技是老年人主动健康的载体，基于大数据等促进体医融合服务框架创新，支持健康教育发展。科技研究已经涉及基于主动健康访问技术的医养结合智能综合服务管理平台、主动健康管理小程序开发、可穿戴主动健康设备、家庭智慧健康服务、主动健康物联网标准体系。在体系搭建上，利用信息技术提升整合社会、社区和家庭的力量，实现社区体育公共服务的"主动性"，构建"互联网＋医养结合＋健康管理"主动健康服务体系。

（二）老年养生文化的主要内容

养生，又称摄生、道生、养性、卫生、保生、寿世等。养生贯穿于人的整个生命过程，老年作为人一生中特殊的一个阶段，探讨老年养生文化有着特殊意义。老年养生文化是指人类社会、老年人及其他社会成员为预防衰老、减少疾病、增强体质进行的一切活动及意识形态的总和。在漫长的历史长河中，前人将老年养生总结为"七不"：不贪精、不贪肉、不贪硬、不贪迟、不贪热、不贪快、不贪酒。将老年养生文化细分说来，主要有老年中医养生文化、老年饮食养生文化和老年健身养生文化。

首先是老年中医养生文化。所谓老年中医养生文化，就是以老年人为主要的特质主体，结合老年人的身体状态，为增强体质、预防老年疾病、享有健康精神状态，在中医药领域进行的一系列实践活动和意识形态的总和。老年中医养生文化具有悠久的历史，是中国传统养生文化的一部分。中国传统的养生文化，历来是"主静不主动，尚补不尚力"。因此在中国很早就有了食补、食疗、药酒、药医、药枕之说。①这里所说的药酒、药医和药枕浓缩了老年中医养生文化。不过中医养生强调的是通过各种方法颐养生命，重在整体性和系统性，目的在于预防疾病。老年中医养生文化与老年疾病息息相关，老年疾病是身体器官衰退带来的，

---

① 姒刚彦，刘皓. 当代老年锻炼心理研究述评［J］. 天津体育学院学报，1999（2）：5-9.

人到老年不得不面临各类老年疾病。中医养生更是在老年这一年龄阶段中尤为突出。

在漫长的历史长河中，中国的老年中医养生文化呈现出"天人合一"的养生观、阴阳平衡的健康观和身心合一的整体观等，做到外与"天道"和谐，内与形神阴阳调和，身心合一，岂不长寿！在天人合一的养生观中，中医认为天地是个大宇宙，人自身是个小宇宙，天人是相通的，人无时无刻不受天地的影响，就如同鱼和水的关系一般，谁都离不开谁。这就意味着要随着四时的气候变化和寒热温凉作出适当的调整。老年人要做到适应四时，天冷及时添衣、天热及时散热等。在阴阳平衡的健康观中，我国明代医学家张介宾指出，人的生命处于"阴阳消长过程"，要防止衰老和保持青春旺盛，利用这个消长过程作适当的调剂以防患未然。《吕氏春秋》中写道："天生阴阳，寒暑燥湿，四时之化，万物之变，莫不为利，莫不为害。圣人察阴阳之宜，辨万物之利以便生，故精神安乎形，而年寿得长焉。"可见阴阳也是消长平衡的，此消彼长，你消我长，永恒运动。在身心合一的整体观中，强调身体与心理的统一，身体健康重要，心理健康同样重要。在重视身体健康的同时要积极调整心态，重视心理健全，精神宁静，达到身心和谐，健康长寿。退休后，老年人社会角色、家庭角色、群体角色等都会相应地发生改变，这是经济、文化发展的结果，也应顺应自然。一时不适，心态失常，不能化解，以致成疾则是我们需要预防之事。

其次是老年饮食养生文化。所谓老年饮食养生文化，是指以老年人为主要特质主体，为实现增强老年人体质、预防老年疾病，拥有健康良好的体魄，在饮食文化食谱领域中形成的一系列物质财富和精神财富的总和。老年饮食养生文化在中国有着悠久的历史。《庄子》说："达生之情者，不务生之所无以为；达命之情者，不务知之所无奈何。养形必先之物，物有余而形不养者有之矣，有生必先无离形，形不离而生亡者有之矣。……形精不亏，是谓能移，精而又精，反以相天。"① 强调了形体

---

① 庄子·达生 [M]．上海：上海古籍出版社，2001：75．

保养与精神保养对于人都非常重要。"养，有鞠养、培育之意，达到延续生命之意；生，可解释为生命，也可解释为生机，即活力、生命力。"①养生的实质就是养育生机、保养生命。养生既是中国人保养身体、防御疾病、延长寿命的手段或方法，又体现了中国人的一种生命观念。②饮食是保持人体健康的重要基础，饮食营养不仅是维持人体正常生理活动的基本物质，也是促进生长发育，维护健康长寿的重要物质基础。老年饮食养生常常与中医挂钩，正所谓医食同源，食物是人类生存最基本的前提，人类对于药物的最初认识也始于对食物的认识，医、药与食物在特定方面同源，某种程度上可以认为食物的保健和治疗作用是药物的鼻祖。《灵枢·决气》指出，人体生命活动是由精、气、津、液、血、脉这六种基本物质构成，这些物质的摄取都源于我们的日常饮食。《灵枢·平人绝谷》指出了饮食对维持人体健康和正常运行的重要性。依据其文中所指，"平人不食饮七日而死者，水谷精气津液皆尽故也"。《素问·上古天真论》中提到饮食有节制、作息有规律、不要过度劳累，便能保持人体健康和精神饱满，这样便能长命百岁，终老天年。《灵枢·五味》对患脾病者、心脏病者、肾病者、肝病者、肺病者分别指出所宜食物，即著名的"以本味补本脏"的食补疗法。《素问·藏气法时论》提出了沿用至今的饮食五味养生大法，即"五谷为养，五果为助，五畜为益，五菜为充"。

最后，老年饮食养生文化同样是中医文化的重要组成部分，其中食疗是利用食物来达到治病、养生、保健目的的方法。通常情况下，老年人的饮食要遵循以下几点原则：一是多样化饮食保证营养均衡，老年人没有基础疾病时，饮食要多样化，保证营养均衡；二是粗细搭配，老年人每天摄入的粗粮应占食物的 1/3 左右；三是适量摄入蛋白质，老年人要定期摄入蛋白质，可以多吃鸡、鸭、鱼等白色的肉，适当限制红色的肉；四是控制盐的摄入，老年人没有高血压或肾病的情况下，盐的摄入量应控制在 6g 左右。同时老年人饮食应注意十大事项：饭菜要香、质量

---

① 路志峻，田桂菊. 中国传统养生学 [M]. 兰州：兰州大学出版社，2008：10.

② 程程. 养生食品的文化价值研究 [D]. 无锡：江南大学，2012.

要好、数量要少、蔬菜要多、食物要杂、味道要淡、饭菜要烂、水果要吃、饮食要热、吃食要慢。

最后是老年健身养生文化。所谓老年健身养生文化，是指以老年人为特质主体，为增强老年人的体魄、预防老年疾病，在体育健身领域进行的一系列的物质财富和精神财富的总和。老年健身养生文化相比于前两个方面来说底蕴没那么深厚，不过也有丰富的内容，且就现代社会而言应是更需要被尊崇并大力倡导的。中共中央、国务院在《"健康中国2030"规划纲要》中明确指出，大力发展群众喜闻乐见的运动项目，鼓励开发适合不同人群、不同地域特点的特色项目，扶持推广太极拳、健身气功等民族民俗民间传统运动项目。随着社会经济文化的快速发展，老年人的健康问题日益受到人们的重视，越来越多的老年人注重以体育锻炼来谋求健康体魄。健身是老年人最为重视的一项活动，多运动，少生病。可以说，健身已经在老年人日常生活中必不可少。在公园随处可见健身设施，在清晨或傍晚也总是能够看见老年人锻炼的身影。无论是在城市还是乡村，政府已经投入大量的资金建设老年活动中心，老年活动中心既有乒乓球、羽毛球场地，也有阅览室让老人阅览书籍，修身养性，陶冶情操。

二、老年书法文化

书法是中国古典艺术的一朵奇葩，全世界没有任何其他文字的书写像汉字的书写一样，最终发展成一种独特的艺术形式，并且源远流长。中国五千多年璀璨的文明及丰富文字记载为世人所认可，在历史长河中，中国的书法艺术以其独特的艺术形式和艺术语言再现了中华文明的演变过程。书法是作者将自身的思维、观念、意识、精神及对审美对象的审美情感融入文字中的一种艺术，需要耗费作者大量的心血。书法艺术是中华民族的传统文化瑰宝，拥有深厚的文化底蕴，能极大丰富中老年群体的精神文化生活。一直以来，中老年人把书法作为他们丰富业余生活、提升自身素养的绝佳方式。

　　老年书法文化是老年人精神文化生活的重要组成部分，也是中华优秀传统文化的重要组成部分。所谓老年书法文化是指以老年人为主要对象，以延年益寿、修养身心、预防疾病、丰富和满足老年人的精神文化生活为主要目的，在书法领域进行的一系列的物质财富和精神财富的总和。

　　书法本身作为一种艺术，具有修身养性、陶冶情操的重要功能，老年书法文化更是成为满足老年人精神文化需求、传承中华优秀传统文化的重要方式。老年书法文化对老年人的作用主要表现在以下几个方面：一是提高文化素养。书法是一门艺术，博大精深，包含着深厚的文化内涵。练书法不是简单写字而已，老年人在练习书法的过程中，涉及许多文学、美学、鉴赏等方面的知识，随着书法水平的提高，思想认识水平、学识水平、审美情趣也会随着提高。练字的人往往给人学识丰富、言行高雅、气度不凡的感觉。二是延年益寿。练书法，内练气质、外练筋骨，有强身健体之功效，是一服良药。练书法有益身心健康。书家在运笔过程中，通过五指执笔，发力于手，注入毫端，万毫齐发。反复运动，使气血调和，筋骨活络，血脉畅通，阴阳平衡，有益于身体的活动能力，从而达到身体内在功能的调节，有利于食物的消化和人体的新陈代谢；更有利于人体增强内部"老年素"的排泄，有益于老年人的身体健康。老年人练习书法还可以健脑壮体，医学上认为其有利于防止老年痴呆的发生。所以练习书法有益于老年人身心健康，延年益寿。书法可以丰富老年人的晚年生活，营造幸福和谐的文化氛围。三是修身养性。书法能净化心灵，陶冶情操，增加乐趣，充实生活。在悠闲之时，可以挥毫泼墨，心静手动，形神合一，使人心旷神怡，沉浸在艺术享受之中。练习书法磨炼人的心志。脾气暴躁的老年人通过书法艺术的学习变得温和，稳定了情绪，忘记了烦恼，改变了自己，从而使心灵达到一种宁静的状态，进入一种忘我的境界，给人一种美的享受。在社区层面，以书法为媒介的交流，营造出了良好的社区文化氛围，同时增进了老年人之间的互动，增加了老年人的知识水平和审美情趣，极大地丰富了老年人的精神文化生活，展现了社区老年人的精神面貌。四是活跃思维。孔子曰："学而不思则罔，思而不学则殆。"练字的人要勤于思考，善于观察古人的用笔技巧，揣摩笔意，研习字的结构组合、章法的运用，使大脑得到相应的锻炼，越用越灵活，达到调节机体功能和抗衰老的目的，有效促进大脑组织的活力，使记忆能力得到提高，使思维保持活跃。

三、老年红色文化

红色文化的形成与发展，见证了中国新民主主义革命、社会主义革命和建设时期风云变幻的时代，记录着马克思主义中国化进程中跌宕起伏的历史，是马克思主义中国化进程中的崭新文化形态。老年红色文化是新时代中国特色社会主义先进文化的一部分，是红色文化的瑰宝，大力弘扬老年红色文化，能够更好地赓续红色血脉。

红色文化的精神内核是红色精神。红色精神包含了中国共产党在革命、建设、改革开放新时期形成的体现社会主义、共产主义价值目标的各类精神形态，是中国共产党领导人民进行革命和建设积累的精神财富的结晶，体现了民族精神的一般性质，同时也反映了时代精神的精华，是当代中国的民族精神和时代精神。老年红色文化作为红色文化的一部分，同样凝聚着红色文化蕴含的艰苦奋斗、不怕牺牲、团结统一等精神特质，是新时代要不断继承和发扬的重大文化财富。

老年红色文化可以说是在现代中国独有的文化范畴，这是由红色文化的特定内涵决定的。有关红色文化的性质概念包括文化资源说、革命文化说、先进文化说、特色文化说等；其起始年限，有鸦片战争说、旧民主主义革命说、马克思主义传入中国说、五四新文化运动说、中共成立说、土地革命说等；其下限有新民主主义胜利说、社会主义革命胜利说、社会主义建设时期说、改革开放时期说等观点。① 至今学术界还没有给出红色文化的完整定义。学者刘琨从红色政治象征这一特殊的定义出

---

① 赵美荣.红色文化的传播困境及实践路径：基于红色文化融入思想政治教育的思考[J].山西青年职业学院学报，2022，35（4）：93-97.

发，得出红色文化具有独特的革命意义，再从红色文化中的器物文化、精神文化、制度文化等进一步揭示红色文化的内涵，不过也未对红色文化进行定义。① 学者沈成飞、连文妹认为，红色文化概念的内核是中国共产党领导全国人民在革命、建设和改革开放时期实现民族独立和国家富强过程中凝聚的、以中国化马克思主义为核心的红色遗存和红色精神；就其概念外延而言，是近代中国开放以来历代仁人志士自强不息、救国拯民、反对内外强权压迫过程中形成的革命解放基因和中华民族复兴的伟大精神。② 从其定义可以看出，红色文化是在中国革命、建设和改革开放时期，在中国辽阔的热血土壤中孕育而生，这就决定了中国老年红色文化的独有性与民族性。

综上，对于老年红色文化的定义，结合众多学者的见解，本书认为老年红色文化是指以老年人为特质主体，追忆在中国革命或建设时期进行的一系列实践活动中形成的艰苦奋斗、不怕牺牲、老当益壮等红色精神及与之相对应的物质财富。

当前不少老年人经历了革命时期，对于党和国家有着深厚的感情，形成了红色文化标签。他们的人生经历，通过演说、传记，根据革命历史人物的英雄事迹创作的情景剧、音乐、诗歌、舞蹈等多种形式进行传播。在当代很多老年人组成了红色文化自组织，以追寻红色记忆、宣传红色文化、传承红色精神为己任。同时，我们要注意到，经历了红色文化形成与发展过程的老年人数的不断减少，老年红色文化的继承与发展形势严峻。

---

① 刘琨. 红色文化研究 [D]. 沈阳：辽宁大学，2015.
② 沈成飞，连文妹. 论红色文化的内涵、特征及其当代价值 [J]. 教学与研究，2018 (1)：97—104.

第二章　老年文化的发展历史

老年文化历史悠久，最早可以追溯到先秦时期。时至今日，老年文化一直在不断地发展和完善，尚处于系统化的进程中。对老年文化的系统化研究必先梳理其历史脉络。

第一节　先秦时期的老年文化

先秦时期，生产工具不断变革，铁器的广泛使用促进了农耕技术的发展，社会生产力有了很大的提高。经济作为社会发展运行的基础，对政治、文化等多方面产生了影响，老年文化也在不断地丰富、完善。从出现养老观念到形成系统完备的养老制度及在此制度影响下形成全社会尊老养老的社会风气，体现着先秦时期的老年文化发展历程。

一、先秦时期老年文化的起源

老年文化源远流长，最早可以追溯到先秦时期。先秦时期的一些书籍中就有对老年人的礼仪规范记载，体现尊老、崇老的养老观念，并且形成了相对完善的养老制度。

（一）尊老、崇老的养老观念

文化是社会政治、经济的反映，每一个时期的文化总是与其相应时期的政治、经济相适应。先秦时期的老年文化主要体现在养老制度和养老观念中。我国关于尊老尚齿的最高记载是从有虞氏开始的。据《礼制·王制》记载："凡养老，有虞氏以燕礼，夏后氏以飨礼，殷人以食礼，周人修而兼用之。"燕、飨、食等礼仪都是以宴会的形式编排长幼序列。

（二）系统完善的养老制度

先秦时期不仅产生了尊老、崇老的观念，而且形成了一套系统的养老制度①，体现在礼仪制度当中。以礼约束、规范养老，其中最为盛行的是乡饮酒礼。它作为一种全国性的敬老大典，具有强烈的政治色彩，虽说是为维护统治阶级服务的，但起到了引领、规范全国树立尊老、崇老的观念的作用。《礼记·乡饮酒义》说："乡饮酒之礼，六十者坐，五十者立侍，以听政役，所以明尊长也；六十者三豆，七十者四豆，八十者五豆，九十者六豆，所以明养老也。民知尊长养老，而后乃能入孝弟，民入孝弟，出尊长养老，而后成教，成教而后国可安也。"除了乡饮酒礼，还有日常膳食之礼，执杖、安车之礼，视学之礼。在衣着方面，《礼记·王制》道："七十非帛不暖，八十非人不暖，九十虽得人不暖矣。"

（三）君王倡导下的优待养老政策

先秦时期尊老、崇老的养老社会风气不仅靠完备的养老制度、礼仪的约束，还有君王自上而下的倡导和示范。君主倡行于上，吏民仿效于下，敬贤养老的风尚自然而成；同时君主通过号召人民养老，将养老的主要职责下放到每个家庭，并通过对孝悌观念的推崇使家庭养老得以持续实行下去，且成为当时起决定作用的养老方式。在君主的示范下，还推行了一系列优待养老的政策，主要有免除徭役、租税，垂询存问，政治上的特殊优待等。在免除徭役、租税上，战国时期，齐国推行管仲的九惠之政，规定对七十岁以上的老人，免其一子的赋税徭役；对八十岁以上的老人，免其二子的赋税徭役；对九十岁以上的老人，免全家的赋税徭役。《荀子·大略》说："八十者一子不事，九十者举家不事。"

二、先秦时期老年文化产生的条件

先秦时期的老年文化主要通过孝道观、尊老养老观念、养老体系和

---

① 李霞. 先秦养老问题研究［D］. 西安：陕西师范大学，2005.

养老政策体现出来，最为明显的便是"孝"。"孝"是尊老养老的核心，也是养老制度体系、养老政策要实现的最终目标，可以说"孝"贯穿于先秦时期老年文化的始终。而"孝"又深深融入孝道观之中，分析先秦时期老年文化产生的条件就要从孝道观念的产生条件说起，可以说两者的条件是一致的。肖群忠在《孝与中国国民性》一文中写道，孝的起源有两个，一是孝在其产生之初的周代，起源于政治上的传子制度；另一个起源是产生于尊祖敬亲的祭礼过程中，孝正是通过这种祭礼而表达出孝子对祖宗的敬意。① 沈善洪、王风贤在《中国伦理学说史》中提出，孝的观念产生条件分为两个，一个是基于血缘而产生的亲亲关系，这种感情成为维系孝的感情纽带；另一个是从经济基础的角度考虑，个体家庭经济条件下产生了权利义务关系，一家之长掌握全部的私有财产，享有绝对权力，子孙对其要履行绝对义务，便产生了孝的观念。② 任满丽在《对"孝"的观念继承的思考》中提到，"孝"起源于敬老。敬老观念的产生，是以生产力发展到一定程度，产品有剩余以及人类自身价值的觉醒为先决条件的。③ 朱岚在《中国传统孝道七讲》中认为，孝是农业文明的道德结晶，是血缘宗法的直接产物，是祖先崇拜的观念反映。④ 姜志信、杨贺敏在《孝观念的产生及其内涵》一文中提到，尊老尚齿的传统是孝观念产生的社会基础，人类的自然情感是孝观念产生的心理基础。⑤ 综上所述，老年文化自先秦以来就已产生，产生的条件主要有以下几点。

（一）农业自然经济是中国老年文化产生的经济基础

经济决定政治和文化，文化是在一定的经济基础上产生和发展的。在社会生产力极低的蒙昧时代，人们过着渔猎、采集和游牧的生活，食物匮乏，居住环境恶劣，无剩余产品，老人甚至成为充饥果腹之食，食

① 肖群忠. 孝与中国国民性 [J]. 哲学研究, 2000 (7): 34.
② 沈善洪, 王风贤. 中国伦理学说史 [M]. 杭州: 浙江人民出版社, 1985.
③ 任满丽. 对"孝"的观念继承的思考 [J]. 贵州社会科学, 1997 (3): 53-54.
④ 朱岚. 中国传统孝道七讲 [M]. 北京: 中国社会出版社, 2009.
⑤ 姜志信, 杨贺敏. 孝观念的产生及其内涵 [J]. 河北大学学报 (哲学社会科学版), 1997 (2): 112.

杀老人的现象司空见惯，"老人反以被自己的儿子所食为福，儿子亦以食其亲为孝"。① 在生产力有所发展的农耕文明时代，铁制农具和牛耕的结合使用，使得生产力进一步发展，食物有所剩余，人们不再四处漂泊，过着稳定的生活，形成个体家庭，个体家庭出现私有财产，私有制出现，此时能够满足老年人的生存需求。同时农业生产的产生发展离不开日积月累的生产实践经验，需要准确掌握节气变化等农业农时安排，这时族群中具有丰富的农业生产经验和阅历的长者就成为权威，受到族人们的尊重，"尚齿""尊老"在原始社会时期就已然成为一种社会风尚。

（二）家国同构是中国老年文化产生的政治基础

孝道观、尊老养老观念及敬老观都是农业文明的结晶，是血缘宗法的直接产物，在等级分明的宗法制下直接产生了一系列的尊老、敬老、养老文化。在先秦时期，国家是在氏族部落间的冲突与联盟过程中不断形成与发展起来的，氏族部落的典型特点是部落成员之间的血缘关系。即使是在进入阶级社会建立国家之后，这种部落成员之间的血缘关系也并没有消失，反而成为巩固政治统治、维护国家秩序的工具，后演变为宗法制。家庭成员血脉之间的伦理关系与维护国家秩序的政治性相融合，这种政治性与伦理性兼容的家国同构构成了中国老年文化的政治基础。所谓家国同构有两层含义。一是国是家的放大，在家庭伦理中对父亲的"尊尊"、对母亲的"亲亲"上升到国家层面就是对君主的"尊尊"、对大臣的"亲亲"②，国家中的君主如同一家之长，其子民如同君主的亲人、孩子一般，需要对其掌控与指导，具有绝对的权威和绝对的决定权。二是家如同国家一般，整个家庭作为一个专制国家，父亲具有绝对的决定权和支配权，统治和管理着整个家庭。如此，先秦时期的老年文化在家庭伦理中强调的是对父亲尽孝，在政治伦理中强调的是对君主尽忠。

---

① 王瑾. 孝道文化的历史演变与现代传承研究［D］. 青岛：青岛科技大学，2015.
② 同①.

（三）宗法制是中国老年文化产生的社会基础

"孝道并不是中国人独有，它是某个文化阶段全世界共有的现象。特殊的是，中国文化已到了极高的程度，而这个旧习惯依然保存。古罗马人、古希腊人也同中国一样注重孝道，但随着文明程度的增加，家族关系便逐渐淡漠。而中国却不是这样。"英国哲学家罗素在《中国问题》一书中如是讲道。为什么中国老年文化的"孝道"与国外的发展走向如此不同呢？这还要归结于中国独特的自然地理条件和优渥的人文条件。中国有着大面积的平原、丘陵，人口资源丰富的部落，使得所建立的依赖血缘关系的氏族部落平稳地过渡到阶级社会，也将血缘亲情作为核心要件。步入阶级社会，存留下来的亲族血缘关系与新建立的奴隶制社会政治等级关系相结合形成了西周时期的宗法制度。宗法制形同一座宝塔，将血缘关系按照亲疏远近层层排列，周天子位于宝塔顶端，其下依次是诸侯、卿大夫、士、庶民。由于诸侯是周天子的其他嫡子和庶子，因而在整个西周社会是小宗，但又有自己的封国，在自己的封地里又属于大宗，然后按照血缘关系再进行大、小宗的划分，以此类推。在这血缘关系与伦理相结合的情况下，产生了尊祖和敬宗的两项重要规定，尊祖是对祖先权威的崇敬和服从，在此基础上进一步延伸出对长者的顺从。敬宗则是对亲缘血亲关系的重视，是坚持依赖纯粹血缘关系的亲子继承原则，这两者共同构成了孝文化的内涵。而在西方国家，古罗马、古希腊多属山地地区，主要是依靠捕鱼、制盐获取生产资料，因而农耕经济发展相对滞后，商贸活动发达，其进入阶级社会的方式是通过内部战争推翻旧统治建立新的城邦文明，因而血缘关系遭到极大的破坏。这就造成了中西方孝文化的发展趋势和走向的不同。

（四）对偶婚姻制度的血缘亲情是中国老年文化产生的情感基础

人类的自然情感是孝文化、尊老养老观念、养老制度等老年文化产生的心理基础。在生产力极低的蒙昧时代，男女的结合先后经历了原始群婚、合式族群婚、亚血族群婚、团体婚等阶段，① 男女结合的对象多不稳定，结合不久之后便分手，因而不属于我们现代所定义的婚姻关系。在大多数的情况下，孩子出生之后只知其母而不知其父，在这种情况下，所谓的家庭伦理中的"亲亲"关系只限于母亲，只可能向母亲表达报恩之心、感激之情，并不属于孝文化的范畴。随着生产力的发展，作为上层建筑的社会关系发生变化，婚姻关系出现了一夫一妻的对偶家庭，且成为组织农业生产、进行社会生活的基本单位。这种一夫一妻的对偶家庭的产生取决于生产力的发展。一方面，随着生产力的发展，氏族部落内部出现产品剩余、产品拥有不均的现象，打破最初产品平均分配的均衡状态。这就意味着在产品多寡方面占有绝对优势的人拥有了更多的权力，同时为了进一步将其掌握的权力和财富继承下去，确保亲生儿女拥有继承人资格，一夫一妻制便由此产生。另一方面，随着生产力的不断发展，男性尤其是青壮年男性成为生产劳动的主体，他们创造了更多的社会财富，在家庭中的地位超越了女性，改变了传统的母系继承制度，废除了按女系计算世系的办法和母系继承权，确立了按男系计算世系的办法和父系的继承权。男性权力的诉求催生了婚姻制度的变化，伴随着人类社会由母系社会过渡到父系社会，父权得到巩固强化，父子关系明确，产生了对父系家长的报恩之心。因而在一夫一妻制的婚姻关系中，人从一生下来见到的就是父母，在父母的关爱中成长起来，自然而然地在父母年长时侍奉孝敬父母，体现出非动物本能的自然情感。自然情感是人与动物的最大区别，人有情，有爱人的能力，在原始农耕时代就有了男女分工，妇女主要从事耕作、纺织，男子主要从事捕鱼、打猎以及制造工具、制陶等繁重的手工业生产，老年人从事家务劳动和照顾、教育小孩，从原始农耕社会时期几乎平等的劳动形态中就可以看出人类尊老敬老的自然情感。在这种自然情感下自然而然就形成了尊老、爱老、敬老的老年文化。

---

① 王瑾. 孝道文化的历史演变与现代传承研究 [D]. 青岛：青岛科技大学，2015.

三、先秦时期老年文化的特点

先秦时期的老年文化是整个老年文化史的起源，已经具备完善的养老制度，具有约束性、普遍性的特点。

（一）自然血缘性

先秦时期老年文化中最为典型的孝文化作为人类自然情感的表露，基于人类不可割裂的血缘亲情关系，具有自然血缘性的特点。《礼记·祭义》中讲道："君子反古复始，不忘其所由生也。是以致其敬，发其情，竭力从事以报其亲，不敢弗尽也。"这句话的大意是说父母给予孩子生命，将孩子带到这人世间，并将子女从羸弱的婴孩养育教化成正人君子，在这抚养和教育过程中建立了父母与子女之间基于血缘亲情的代际关系。在这种充满爱与关心的教养下子女在成长以后自然感恩父母，知道父母教养子女的艰难，在父母年老以后自然流露出对父母的孝。

（二）政治伦理性

如前所述，先秦时期形成了全社会良好的孝道观念，具备一套系统的养老制度，辅之以优待老年人群的养老政策，以及君主至上的"政治典范"，老年文化呈现出政治伦理性的特点。有严格的"礼"进行规范约束，尤其是乡饮酒礼，作为一种全国性的敬老大典，有效地引导人民形成尊老、崇老的社会风气。不合礼仪的行为会遭到制裁，受到社会舆论的指责。这种约束性既适用普通的平民百姓，也适用官员、皇族贵胄，上自皇帝、下至平民百姓都在"礼"的制度下尊重孝敬老人。夏朝时期的法制虽不健全，但也涉及了老年人的权益保护。当时，如果有子女不孝敬老人，他们将受到严惩，最严重的将会被斩首示众。根据夏朝刑律的规定，子女不赡养老人、言语辱骂老人、动手殴打老人、虐待老人、不给生病的老人治疗均属"不孝"，根据情节的轻重，受到的惩罚也不同，最轻的也要被刺字，稍严重些的会被割掉鼻子、砍掉脚掌。虐待、殴打老人的子女，将直接判处死刑。由此看来，在先秦时期不孝顺父母的人所遭受到的法律制裁比现代还要严格、还要严重。也正是在这种严厉的规章制度下，先秦时期的老年文化呈现出约束性的特点。

（三）社会普遍性

先秦时期形成的尊老、崇老的社会风气恰恰体现出老年文化具有普遍性的特点，意思是指全社会中人人都能够自觉地、从其内心出发做到真正孝敬老人、尊重老人。在这种尊老、崇老风气下，孝敬老人的事例数不胜数。例如舜，传说中的远古帝王，五帝之一，姓姚，名重华，号有虞氏，史称虞舜。相传他的父亲瞽叟及继母、异母弟弟象，多次想害死他。父亲瞽叟让舜修补谷仓仓顶时，让人从谷仓下方放火，舜手持两个斗笠跳下逃脱；父亲让舜掘井时，与象用土填井，舜掘地道逃脱。事后舜毫不记恨，仍对父亲恭顺，对弟弟慈爱。他的孝行感动了天帝。舜在历山耕种，大象替他耕地，鸟代他锄草。帝尧听说舜非常孝顺，有处理政事的才干，把两个女儿娥皇和女英嫁给他；经过多年观察和考验，选定舜做他的继承人。舜登天子位后，去看望父亲，仍然恭恭敬敬，并封象为诸侯。又如汉文帝刘恒，汉高祖第三子，为薄太后所生，高后八年（公元前180）即帝位。他以仁孝之名，闻名于天下，侍奉母亲从不懈怠。母亲卧病三年，他常常目不交睫、衣不解带；母亲所服的汤药，他亲口尝过后才放心让母亲服用。他在位24年，重德治，兴礼仪，注意发展农业，使西汉社会稳定，人丁兴旺，经济得到恢复和发展，他与汉景帝的统治时期被誉为"文景之治"。再如闵损，字子骞，春秋时期鲁国人，孔子的弟子，在孔门中以德行与颜渊并称。孔子曾赞扬他说："孝哉，闵子骞！"（《论语·先进》）他生母死得早，父亲又娶了妻子，生了两个儿子。继母经常虐待他，冬天，两个弟弟穿着用棉花填充的冬衣，却给他穿用芦花填充的"棉衣"。一天，父亲出门，闵损牵车时因寒冷打战，将绳子掉落地上，遭到父亲的斥责和鞭打，芦花随着打破的衣缝飞了出来，父亲方知闵损受到虐待。父亲返回家，要休逐后妻。闵损跪求父亲饶恕继母，说："留下母亲只是我一个人受冷，休了母亲三个孩子都要挨冻。"父亲十分感动，就依了他。继母听说后，悔恨知错，从此对待他如亲子。

第二节　秦朝到新中国成立前的老年文化

秦朝到新中国成立前这一时期历史悠久，长达两千多年，在这两千多年的时间里，中国的老年文化在延续着先秦时期的养老观念和养老制度的基础上进一步变化和发展。这一时期最为显著的便是孝道文化，与儒家文化一起成为封建社会时期的主流文化。

一、封建王朝时期老年文化的延续

公元前 221 年秦始皇统一六国后，到公元 1912 年这两千多年里，中国的老年文化尽管有些变化，但核心的孝道文化并没有发生多大改变，即使偶尔在某些朝代有所中断，但这并没有阻断其传承，一直延续至今，甚至成为当今根深蒂固的老年文化观。孝道文化中的优秀精华也被延续下来，被世人传诵，结合时代变化继承至今。如尊老、爱老、敬老文化，具体化到日常现实生活中可以表现为扶老爷爷、老奶奶过马路，在公共交通上给老人让座，志愿者们无偿地在养老院、敬老院开展志愿服务活动等，这些无不体现着优秀的孝道文化的传承。

二、孝道文化的发展与丰富

关于孝文化的起源存在不同观点。一种观点认为孝观念是父系氏族公社时代的产物，具体产生于古代传说中的五帝时代前期。另一种观点认为孝产生于商代。还有一种观点认为孝产生于周代。西周是中国宗法奴隶制国家发展和完善的时期，以宗法制、分封制、井田制和礼乐制度为基础，形成了西周孝文化的特点。现有史料记载的内容中西周孝文化有关祖先的材料远远多于对活人孝的材料。因此，西周孝的内涵主要是尊祖敬宗，其表现的形式主要是祭祀。

（一）秦汉时期：孝道文化体系的形成

秦始皇灭六国统一天下，建立了我国历史上第一个封建王朝——秦。

秦以严厉的法制治理国家，但并不反对孝治、扼杀孝治，且企图依靠严厉的法制强制性地让人们进行孝道，试图将双向的伦理化的孝道变为单一的义务关系，但以失败告终。

汉代是中国帝制社会政治、经济、文化全面定型的时期，也是孝道发展历程中极为重要的一个阶段。它建立了以孝为核心的社会统治秩序，把孝作为自己治国安民的主要精神基础。随着儒家思想体系独尊地位的确立，孝道对于维护君主权威、稳定社会等级秩序的价值更加凸显，"以孝治天下"的孝治思想也逐渐走向理论化、系统化。《孝经》《礼记》以及"三纲"学说集中体现了孝治理论的风貌。

孝道由家庭伦理扩展到社会伦理、政治伦理，孝与忠相辅相成，成为社会思想道德体系的核心，"以孝治天下"也成为两千多年帝制社会贯彻的治国纲领。西汉是中国历史上第一个"以孝治国"的王朝，并实施了一些举措，提倡和推行孝道。例如，除了西汉开国皇帝刘邦和东汉开国皇帝刘秀，汉代皇帝都以"孝"为谥号，称孝惠帝、孝文帝、孝武帝、孝昭帝等。除此以外，西汉也把《孝经》列为各级各类学校必修课程，还创立了"举孝廉"的官吏选拔制度，把遵守、践行孝道与求爵取禄联系起来，这成为孝道社会化过程中最强劲的动力。

西汉时期，统治者吸取秦朝快速灭亡的经验教训，认为试图单纯地依靠法律来实现孝治是行不通的，进而作出调整，重视教化功能的孝治。汉武帝时期"罢黜百家、独尊儒术"，先秦时期儒家构建的孝文化在此时期有了进一步发展的机会。在儒家学术中占据重要位置的"孝"自然而然地受到统治者的尊崇，"以孝治天下"的政治格局初步形成。这种"以孝治天下"的政治格局主要体现在三方面。一是在官吏的选拔制度上实行举孝廉，所谓"举孝廉"是指由地方长官每年在辖区内考察并向朝廷推荐孝顺父母、品行廉洁的人作为人才吸纳到朝廷中来，给予官职，为朝廷所用。二是重视孝道教化，汉武帝"独尊儒术、罢黜百家"之后，儒家学说占据主导地位，上自王孙贵族，下至平民百姓都非常重视孝治的教化作用，在整个西汉社会，尊老、养老、敬老的社会风气蔚然成风。

三是孝大于法，以孝立法。显然是吸取了秦以法治孝的教训，转换角度，基于孝道伦理在道德自律方面的独特功能，维护人伦秩序。

汉朝时期各派学家，尤其是儒家学派进一步丰富了孝道文化的理论，建立了系统化的孝道文化。在我国第一部诗歌总集《诗经》中有"率见昭考，以孝以享"之语，充分说明了孝的原始意义。即孝是人们在生产劳动和与大自然的不断斗争中，为祈求平安而进行的一种尊祖敬宗的祭祀活动。殷商、西周是传统文化的开端和创造时期，也是孝观念的初步形成和确立时期。殷人把祖先视为喜怒无常、令人惧怕的鬼神，他们对祖先的祭祀更多的是一种宗教意义上的祈求，并没有太多的伦理内涵。到了西周，人们依然虔诚而隆重地祭祀祖先，不过与殷人不同的是，周人对祖先的祭祀既是一种宗教行为和政治行为，又包含着浓厚的敬仰、追念等血缘亲情，是一种伦理行为。值得注意的是，西周孝观念除了祭祀祖先这层含义，还增添了奉养父母的新意义。祭祀祖先是贵族的特权，奉养父母作为平民的义务，使孝观念向着"子德"的方向演进，并逐渐取代祖先祭祀，成为后世孝道的主要内容。春秋战国时期，儒家文化开创者孔子在其思想理论中丰富和发展了孝文化的内涵，提出了"孝弟也者，其为仁之本与"的观点。"仁"是众德之总，而"孝弟"则又被视为众德之源、之总的"本"，其地位在整个传统伦理中上升到了核心位置，同时确立了"孝"对于所有人的道德要求的普遍性。"孝"也从此成为协调亲子关系的伦理规范，并成为古代社会宗法道德的基础。孟子提出了"老吾老以及人之老，幼吾幼以及人之幼"的观点，并指出，"天下之本在国，国之本在家，家之本在身"，"人人亲其亲、长其长，而天下太平"。还进一步强调"事亲，事之本也"，认为尊亲、事亲是人生最大的事情。孔孟对孝的论述，已经涉及后世孝道的方方面面，从而确立了传统孝道的基本面貌。

（二）魏晋至隋唐：孝道文化逐渐政治化

魏晋至隋唐五代七百余年，孝道观念虽然时而淡薄时而强化，但各朝统治者都坚持汉代孝道的基本精神，比如"举孝廉"作为察举的主要内容之一，一直被后世承袭沿用；清代的"孝廉方正"仍是进宫入仕的重要途径。其间最值得强调的就是孝道向法律领域的全面渗透，凭借法律力量推行孝道，进而实现对整个社会的控制，这也是"以孝治天下"的重要方法。但在这段时期，孝道文化的发展并没有像汉朝时期那样重视发挥其教化功能，而是将孝道文化与政治相结合，孝道文化不断异化，在隋唐五代时期进一步政治化。

魏晋南北朝时期，社会动荡不安，各路势力混战中原，朝廷分庭抗礼，统治阶层频繁更迭，政局不稳，经济上出现停滞，思想领域玄学、道教兴起，佛教发展，玄佛合流，孝道文化发生异变。孝道文化的异变主要表现在以下几个方面。一是自然孝情重于孝礼，在魏晋南北朝时期，不少学者探讨孝情与孝礼孰轻孰重，传统礼法坚持孝礼大于孝情，认为要维护孝礼，而部分玄学家并不认同此观点，认为自然孝情更为重要，孝礼应该让位于孝情。关于此次的论战，最初由王弼、何晏提出"自然亲爱为孝"的思想，反对过分标榜忠孝之礼，之后嵇康、阮籍等竹林名士将此提法付诸实践。最后还是由郭象、阮瞻将二者进行调和，缓解此次矛盾。经过此次论战，孝礼虽仍旧存在，但相比以往有所松动。二是关于孝亲与忠君问题，自古以来，忠孝两难全。加之在魏晋南北朝时期动荡不安，各路势力为捍卫整个大家族的安全，重视孝道，将家族之人聚集在一起，违背忠君，篡取皇位。三是至孝得报思想逐渐盛行。这与魏晋南北朝时期佛教的发展密切相关，是孝道文化与佛教思想的融合。在佛教进入中国以前，孝道文化还没有报恩的思想，只有感应一说。佛教与孝道文化的融合，产生了许多因果报应感恩的故事，如孟宗哭竹生笋、王祥卧冰求鲤、何绮哭棺辟火等。

隋唐五代时期作为中国封建社会历史上的又一黄金时期，孝道文化的政治伦理性得到进一步的加强，主要表现在两个方面。一是忠孝问题，强调忠孝合一。隋唐时期的忠孝问题不同于魏晋南北朝的举孝避忠，而是追求忠孝两全，在忠与孝之间的关系上，以国与家之间的关系作为论证，家是国的基本，家以国为本，遇到家国矛盾冲突时，唐朝强调忠孝并举、移孝作忠。也就是说忠君是为了护国，护国又是为了安家，其最终目的是家的和谐，做到舍小家为大家。二是法是孝道顺利进行的保障。在隋唐时期，为了孝治的顺利进行，依赖强制性的法律保障，更强调以孝治国。唐朝时期继承前代制度，把不孝列为十恶不赦之罪，并对不孝的行为作出了相应的惩罚规定。针对这些不孝行为的惩罚最轻的都要处以徒刑，严重的行为要处以绞刑、斩首。此外，将殴打、杀害父母、祖父母的行为列为十恶不赦之罪，即使遇到国家大赦天下，这些罪犯也不会被赦免。隋唐五代作为封建社会的上升时期，孝道文化的政治意味越加浓烈。

（三）宋元明清：孝道走向极端化、愚昧化

宋元明清时期，程朱理学成为社会正统思想，理学家认为孝道是与生俱来的、先天的伦理属性，儿子孝顺父母是天经地义、不可违抗的，与此同时孝道的专一性、绝对性、约束性进一步增强，对父母无条件顺从成为孝道的基本要求。"父母可不慈，子女不可不孝"成为世人的普遍信念，孝道进一步沦为强化君主独裁、父权专制的工具，在实践上走向极端愚昧化。在宋朝，忠孝两难问题彻底解决，由一开始隋唐之前的孝重于忠，到唐朝的忠孝并举，再到宋朝时期订立为死事一君，对国家、皇帝的尽忠就是大孝，两者融为一体，不存在忠孝孰轻孰重的两难问题。

族权的膨胀和愚孝的泛滥，就是孝道畸形发展的具体表现，如"族必有祠""家法伺候"等。后来的"割股疗亲"就是愚孝发展到极致的产物，这时孝道被极端到面目全非的地步。

（四）新中国成立前：孝道的变革与社会适应

近代社会，尤其到了晚清民初，随着中国现代化的步伐加快，西方文化的渐渐侵入，民主、自由的思想开始深入人心，人民的自觉性和主体意识不断增强，一大批文化先驱站在时代的高度，从自然人性的角度来揭露封建孝文化的专制性、绝对性，并且使孝文化融入时代的内容。到了"五四"新文化运动时期，受到严厉批判的传统孝文化开始洗去尘封多年的封建专制性，转而向新型孝文化发展。在此引导下人们的时代

意识、社会意识逐渐增强，许多人冲破家庭的牢笼和羁绊，站在时代前列，以天下和社会为己任，为民族尽其大孝。比如，在抗日战争时期，国共两党都曾以儒家忠孝道德作为动员、团结民众抗击日本帝国主义侵略的精神力量和思想武器。1939 年 3 月 12 日，国防最高委员会颁布的《国民精神总动员纲领》及《实施办法》中指出，唯忠与孝，是中华民族立国之本，五千多年来先民所遗留于后代子孙之宝，当今国家危急之时，全国同胞务必竭忠尽孝，对国家尽其至忠，对民族行其大孝。1939 年 4 月 26 日，中国共产党的《为开展国民精神总动员告全党同志书》指出，"一个真正的孝子贤孙，必然是对国家民族尽忠尽责的人，这里唯一的标准，是忠于大多数与孝于大多数，而不是反忠于少数和孝于少数。违背了大多数人的利益就不是真正的忠孝，而是忠孝的叛逆"。在这里，孝成为民族团结、兴旺的精神基础，成为中华民族凝聚力的核心。孙中山先生曾经说过："现在世界中最文明的国家，讲到孝字，还没有像中国讲到这么完全。所以孝字更是不能不要的……要能够把忠孝二字讲到极点，国家便自然可以强盛。"

三、封建王朝老年文化的特点

封建王朝时期老年文化经历时间久，在一代代王朝更迭中变化发展，呈现出政治性的崇老文化、伦理性的养老观念的特点。

（一）政治性的崇老文化

崇老文化是中国传统社会的主导型文化。它通过崇老政治模式、崇老制度模式、崇老道德模式、崇老思想模式、崇老礼仪模式维系着整个社会的运转。崇老文化要表现的不仅仅是老年人的喜怒哀乐，而是整个社会的发展方向。崇老文化要达到的也不仅仅是"老有所终"，而是巩固政权、维护秩序、保证发展。[①] 提到崇老，就不得不说到儒家思想。儒家思想几乎支撑着整个中国历史的发展，而值得注意的是，在儒家文化中，

---

① 姚远. 关于中国老年文化的几个理论问题 [J]. 市场与人口分析，2000 (2)：54-60.

尊老文化抑或是孝文化无处不在，而且不断得到深化。从儒家的创始人孔子来说，孔子本人对尊老文化便是身体力行。他主张孝是仁的根本，志于礼而行于孝。而《孝经》更是儒家文化反映尊老文化的一大著作，对后世的孝悌观念影响颇为深远。同时，儒家提倡行孝，并劝导人们树立孝悌观念。其中，曾子很好地继承了孔子的孝悌观。根据《史记·仲尼弟子列传》的记载，孔子认为曾子精通孝之道，故授之业，著《孝经》。此后，孟子继承孔子和曾子的孝道思想，主张"事孰为大，事亲为大"。而后，西汉的董仲舒又根据中国传统五行学说论证孝道何以天经地义。宋代朱熹则根据《论语》提出了"仁是孝之本"的观点。儒家思想对于尊老文化的发展一直延续下来，经过不断的完善已经形成了较为成熟的思想体系。其在外受强制性礼制的规范，在内则成为人们潜移默化约定俗成的道德行为，在尊老文化发展史上占有重要的地位。与儒家尊老相同，道家也提倡尊老。但与儒家所不同的是，道家把孝当作人的自然本性，认为人生而就具有孝这种意识。譬如，《太平经》中有"六极六竟，孝顺忠诀"，就强调了孝道，而在《太上感应篇》中，又提出了"是道则进，非道则退……忠孝友悌，正己化人，矜孤恤寡，敬老怀幼"。在孝道这一问题上，道教也表现出了极大的重视。而儒家则更强调社会性。两种中国传统社会的主流思想都不置可否地重视孝道，则可以看出，孝文化在我国古代社会流传之广。佛教初传到中国时，为了能在中国本土站稳脚跟，开始接纳、融入中国文化。佛教徒在翻译佛经、弘扬佛法时尽可能地融入中国的道德伦理，例如大力宣扬为人子女需报父母之恩。北宋僧人契嵩也提出了"孝为戒先"，在孝道方面大量著述；又如，明代高僧智旭著有《孝闻说》《广孝序》，表明佛教也逐渐将孝文化作为其学说中必不可少的部分，佛教教义与中国孝文化已经紧密结合起来。

（二）伦理性的养老观念

传统孝道是中国农业社会的道德结晶。它立足中国农业生产的基本需求，在一定的农业自然经济和宗法制之上形成了包含丰富伦理内涵的孝道伦理思想。狭义的孝道伦理富有"齐家"之意蕴，广义的孝道伦理包含修身、齐家、治国、正心的伦理意蕴。首先是修身，在《孝经·开宗明义章》中有："夫孝，德之本也，教之所由生也……立身行道，扬名于后世，以显父母，孝之终也。"孝道伦理作为立德立身之根本准则，对于提高个人道德品质，形成良好道德修养具有积极的作用。其次是齐家，传统的孝道伦理作为家庭代际关系调解的根本，包含养亲与敬亲、顺亲与荣亲、祭亲与念亲的思想，对于维持家庭稳定，协调家庭成员关系发挥了重要作用。再次是治国，《礼记·王制》中有："天子七庙，三昭三穆，与大祖之庙而七。诸侯五庙，二昭二穆，与大祖之庙而五。大夫三庙，一昭一穆，与大祖之庙而三。士一庙。庶人祭于寝。"传统社会基于一定的血缘宗法关系，要求尊祖敬宗，形成了孝治天下的理念，有力地维护了统治阶级的统治，达到了治国之功效。最后是正心，《论语·学而》中有："孝悌也者，其为仁之本欤。"孝的内涵由"悌"之关系推及到人与人之间的关系，将孝道无关年龄与地位推及于他人，发挥了正心的作用，由此孝道伦理成为人际关系建立的基础。①

第三节　新中国成立后到新时代前的老年文化

一、老年文化变革的时代背景

新中国成立后，我们的国家和社会发生了翻天覆地的变化。废除地主阶级封建剥削土地所有制，实行农民的土地所有制，在政治上制定第一个五年计划，集中主要力量发展重工业，对农业、手工业、资本主义工商业的社会主义改造等实现生产资料所有制到社会主义公有制的转变。与此同时，中国的老年文化经历着变革，呈现出对传统老年文化的"扬弃"，主要表现在对孝道文化的批判继承上。西方思潮的涌入，特别是实

---

① 何如意. 新时代背景下传统孝道伦理的挑战与建构［J］. 大众文艺，2018（17）：230-231.

行改革开放以后，传统养老观面临极大的冲击，呈现出不断"弱化"的趋势。

在改革开放的背景下，随着经济的快速发展、社会制度的变化、家庭结构的解构与重组、代际关系的变化、西方思想的传入等，中国的老年文化展现出更加注重自由、人权和民主观念的"新貌"。在文化方面，西方思想不断涌入中国，与近代民主革命时期不同的是，对待西方文化，要运用马克思主义辩证唯物的方法一分为二地看待，不一味地持有"民族虚无主义"、"历史守旧主义"和崇洋媚外等观点，而是吸收借鉴国外优秀的老年文化，先进的养老观念、养老体制、养老模式等，促进中国的老年文化开出更加绚丽的花。例如在养老观上，吸收借鉴西方的养老观念，将所谓社会化养老、机构养老、单位养老、社区养老、企业养老等养老模式与中国独有的尊老、敬老、养老等养老观念下的家庭养老模式有机结合，形成独具特色的中国化养老体制，在此基础上将其中包含的对待老年人的思想观念、文化俗成以及相对应的制度规范上升到文化范畴，最后形成独具特色的老年文化。

二、新中国成立后到新时代前的老年文化特点

新中国成立后的老年文化较之于过去呈现出不同的特点，主要表现为老年文化的包容性、多元性和平等性。

首先，新中国成立后的老年文化具有强大的包容性。为了回应复杂的时代问题，老年文化既继承过去传统，又基于时代变化而更新；既立足本土发展，又借鉴国外经验，在"古今中外"的交织中吸纳新的文化，呈现包容之象。例如西方自由平等的养老观念、不拘泥于家庭养老的养老模式、尊重保障人权的价值观念等与中国传统的养老观念相融，使中国的老年文化呈现出包容性的特点。

其次，新中国成立后老年文化呈现多元特征。多元指的是中国在社会转型时期，老年群体的异质性大，老年文化呈现出内在的分殊与多元。由于中国的社会转型速度快，社会转型在不同老年群体内存在差异。例

如，20世纪60年代出生的老年人，总体学历低、社会保障不充分；20世纪60年代之后出生的老年人受教育水平、社会保障水平更高，由此产生的老年群体文化也存在差异。前者可能更加重视物质保障，后者可能更加重视精神满足。这表现出老年文化的多元性。

此外，新中国成立后老年文化的另外一个突出特点是平等性。改革开放以来，自由、平等观念在中国的传播日益广泛，冲击过去的封建等级思想，越加重视自身的权利保障。新中国成立以来，我国农村社会养老保障制度从无到有，探索前行，经历了从城乡分治逐步走向城乡统筹的发展历程。新中国成立之后的计划经济时代，为了全力支持工业化发展，国家通过城乡户籍、城镇就业、农产品统购统销等制度形成城乡壁垒。与之相配套的社会保障制度也烙上了"以农补工""重农轻工"的印记，成为城乡二元社会分割政策的一部分。改革开放以后，家庭联产承包责任制打破了集体生产和平均分配机制，农村家庭的养老责任随之面临家庭规模缩小、代际抚养能力弱化、贫病风险增大、征地矛盾频发等诸多难题，尤其是外出农民工的大规模出现，强烈冲击了传统的农村家庭结构，给农村养老保障带来了前所未有的挑战。1992年，国家试行以村为单位组织农民参加养老保险，保费的筹集基于以个人缴纳为主、集体补助为辅、国家给予政策扶持的原则，投保人待遇由投保档次和缴费年限决定。这一社保体系俗称"老农保"，农村社会保险工作由此开始逐步展开。

第四节　新时代的老年文化

进入新时代，社会的快速发展和人口老龄化的加剧，养老问题已成为我国面临的重要挑战之一。在此背景下，老年文化又面临着新的问题，新时代养老观发生变化，老年文化发生变革，丰富和发展老年文化在新时代具有重要意义。相较于过去，新时代的老年文化呈现出政治性、群众性、普遍性和强制性等特点。

一、新时代老年文化的发展

进入新时代以来，我国的老年人口一直呈逐年上升的趋势，人口老龄化问题越来越突出，老年问题已然成为重大的社会问题。在这种背景之下，国家强调大力建设老年文化，推进全社会适老化发展，以满足日益增长的老年人群的物质需求和精神文化需求，中国的老年文化在这段时间有了突破性的进展，并在孝养观、养老模式、养老制度、老年产品、老年公寓、老年产业等方面发生了巨大的变革。进入新时代以后，中国的孝养观从"赡养"转变为"孝养"。社会分工带来家庭结构、代际关系、养老模式的变化，影响了孝养观念的改变。不少年轻人远离家乡到外地工作，随着时间的流逝定居在异乡，将老年人独留在老家，成为留守老人。社会竞争的激烈化，即使是在大城市生活的年轻人，对于老年人的照料也有所疏忽。不少老人将其子女告上法庭，告其不养、告其不孝。2012年修订的《中华人民共和国老年人权益保障法》中增加了条款，明确规定家庭成员应关心老年人的精神需求，不得忽视、冷落老年人。与老年人分开居住的赡养人，应当经常看望或者问候老年人。将"常回家看看"写进法律，也反映了一种无奈。本来最为基本的看望的伦理道德问题最后还需要法律来强制实现，怎不让人心酸？

那么，何谓之孝？何谓之养？孝和养之间又存在着怎样的关系呢？自古以来，孝和养就不是一回事。养是基本，孝是养最为理想的精神境界。学者穆光宗在《"文化养老"之我见》这篇文章中明确提出了关于孝和养之间存在的有孝无养、无孝无养、有养无孝及有孝有养四种状态，并且指出最大、最高的孝就是在符合法律和伦理的前提下使自己的行为给父母带来最大的精神满足。让父母老年的需求得到充分的满足，并提升其人生的境界，这才是天地为之动容的大孝。[①] 这意味着在新时代我们要树立的、倡导的孝养观应该继承孔子的观点，养是基本，孝为最高理

---

① 穆光宗."文化养老"之我见[J].社会科学论坛（学术评论卷），2009（6）：132-138.

想和追求，孝养结合一直以来就是我们优秀的传统老年文化，在新时代我们仍有义务弘扬光大。

同时，部分老年人（主要是出生于20世纪三四十年代的老年人）进入老龄阶段后大部分会出现收入丧失、角色丧失、健康丧失、亲人丧失、理想丧失及人间之爱丧失的六大丧失，故潜意识里他们将自己归类为社会边缘体、家庭边缘体。人的本质是社会性存在，而老年群体将自己视为社会边缘体其实潜意识就自动地将自己与社会脱节。如何解决当前老年人存在的消极养老观，使其建立新的自立自强、乐观豁达的养老观是我们亟须解决的重大问题。

（一）养老模式的丰富发展：二元到多元

新时代的养老模式由过去的家庭养老为主、政府养老为辅转变为多元化的养老模式。家庭养老问题是近年来学界比较关心的问题之一。对于家庭养老问题可以从不同的角度进行研究。社会学往往从代际关系、社会支持网以及社会变迁等角度来研究。而在关于代际关系的研究中，较多的是运用社会交换论分析代际交换关系，体现在家庭养老上就是一种投资—赡养关系[①]。在传统社会里的代际关系条件下家庭养老是核心，在养老模式中占据着绝对主导地位。但是随着社会的发展，社会分工不断变化，代际关系也在不断变化，使得中国的养老模式不断发生变化，由一开始的家庭养老到近代的家庭养老与政府养老相结合，再到现代尤其是新时代以来的家庭养老、政府养老、机构养老、社区养老、企业养老等多元化的养老模式共存。

多元化的养老模式意味着养老观念的变化，由过去的"养儿防老"的养老观逐渐发展到现在的"自助养老"观念。随着社会的变迁、代际关系的变化，即使是在家庭养老模式下，基本上是留守老人居多，子女雇护工照顾老人，偶尔回来看看，给予一定的物质和精神上的满足。但大多数时间还是老年人自己度过漫长的闲暇时间。只能自己打破过去传

---

① 张再云，魏刚. 代际关系、价值观和家庭养老：关于家庭养老的文化解释 [J]. 西北人口，2003（1）：53-55.

统的养老观的束缚，以积极健康向上的养老观念指引自己愉快度过余生，实现"自助而助"。所谓"自助而助"，一方面是指理想的代际关系应当是自助为主、互助为辅。无论是父代抑或子代，都要自尊自强，加强自我保障能力，对异代保持最低程度的依赖。另一方面，两代人又要互相关心、互相帮助，上一辈人要慈爱为怀，下一代人要孝心为本。"自助而助"也表明"老年人自身的力量"是解决老年人问题必须认真考虑和充分重视的基本方面。[①] 因此，在新时代，非老年群体应该具有孝养结合、有孝有养的孝养观，既在一定程度上满足老年人的物质需求，又要常回家看看，常与父母沟通交流，常带父母出去看看外面的世界，与父母建立一种平等、和谐、友爱的关系，满足老年人的精神文化需求。而老年群体也应该树立自助而助、自立自强、积极、乐观向上的养老观念和态度，完整地度过有意义的晚年。

（二）老年价值重构的文化

伴随工业化、城市化与现代化的进程，生产逐渐由家庭转向社会。老年人对家庭的经济掌控能力大大下降。社会变迁、知识更新速度不断加快，而老年人接受新知识的能力下降，知识陈旧老化尤为严重，老年人一生中积累的知识对现实社会的意义与作用大为下降。[②] 老年群体的社会价值被边缘化，被圈为社会圈层中的"边缘人"，甚至被视为社会的累赘。这种观念广为传播，老年人不再被视为传统社会中的权威，需要年轻人教授新时代中的各种技能，尤其是电子产品的使用等。在这样不对等的关系下，老年人的价值明显为大多数人所轻视，甚至认为毫无社会价值。其实不然，即使是在大数据、知识更新换代快的社会条件下，老年人依然具有巨大的社会价值。例如，老年群体自退休后从社会生产中退出来成为社会庞大的消费群体，巨大的消费量能够刺激社会的生产，同时大数据也给老年人提供了巨大的平台，银发产业快速发展。

---

① 穆光宗．"文化养老"之我见 [J]．社会科学论坛（学术评论卷），2009（6）：132-138．

② 陈友华．社会变迁与老年文化重构 [J]．人口与发展，2013，19（5）：78-88．

第七次人口普查数据显示，中国 60 岁及以上的银发群体人口占比 18.7%，达到 2.64 亿人。随着生育率逐渐降低，预计到 2035 年，中国 0~20 岁青少年人口占比将低于 20%，同时，65 岁以上老龄人比重将超过 20%。中国老龄化程度日益加深的现实，为银发经济的发展创造了空间。银发经济涉及众多领域，产业覆盖面广，几乎涵盖国民经济行业的所有类别。现阶段中国银发经济相关产业规模超 5 万亿元，但各类产业均处于初期阶段，潜能目前并未充分释放，未来发展空间巨大。伴随移动互联网的普及，老年群体对于移动社交媒体与移动电商平台的使用率不断增加。老年群体日渐成为中国社交媒体、电子商务的蓝海市场，消费潜力凸显。直播成为广受用户喜爱的购物方式，老年群体也逐渐成为其重要增量部分。抖音上拥有 3337.9 万粉丝量的用户"我是田姥姥"，在 2021 年 5 月份的一场直播首秀中，取得了销售额 150 万元的成绩。三个月涨粉 1000 万的抖音用户"只穿高跟鞋的汪奶奶"，曾创造单场直播销售额 530 万元的成绩。还有诸如一天卖出 3 万多瓶辣椒酱，年入百万元的"秦巴奶奶"；80 岁的老奶奶直播卖杏，20 天卖出 4 万余单等。由此看来，大数据时代的到来对于老年人来说有可能是挑战，但老年群体也能成为市场主力军，在社会大生产中发掘出生产能力，促进社会生产的循环发展。

二、新时代老年文化的价值

优秀的文化能够丰富人的精神世界，培养人的精神力量，提高人的道德修养，塑造人的价值观和人格特征，对于个人的成长和社会的发展起着重要的作用。新时代优秀的老年文化作为文化的一部分，能够起到满足老年人的精神文化生活，帮助老年人塑造积极乐观向上的老年价值观念，增强老年人的精神力量等诸多作用。

文化对经济政治具有重要的反作用，新时代老年文化对于我国的经济政治的发展具有重大作用。联合国人口基金副执行主任迪恩·凯塔说："世界人口正在以前所未有的速度老龄化。"不过她认为这一代老年人比以往任何时候的老年人都接受了更好的教育，更加健康，也更加富有。"我们不应将人口老龄化仅仅视为一个问题，而应认识到老年人既可以成为可持续发展的受益者，也可以成为可持续发展的积极参与者。"中国人民大学副校长杜鹏指出，到2050年，中国老年人群中拥有大学以上学历的人，可能达到8500万人。这不仅带来人口素质的变化，也给银发经济带来巨大机遇。在过去几十年间，由于在青年人健康、教育和就业机会方面的投入，已出现了一代受过更好教育、更健康、经济上也更独立的老年人，在未来人数也是呈现不断增长的趋势。这意味着新时代的老年人本身有着较之以往更高的素质和积极健康的价值观念，那么与之相随的老年文化也是积极健康向上的，在这种积极健康向上的老年文化的指导下，能够有效地促进经济的发展，较为缓慢地减少中国人口红利的流失。

三、新时代老年文化的特点

在新时代，老年文化呈现出政治性、群众性、普遍性和强制性等特点，虽说在某些方面来讲与新中国成立以来老年文化的特点有着相似之处，但从不同的内容、角度上来讲又有所不同。

（一）社会伦理性

进入新时代，中国老年文化的政治伦理性有了新的发展，经历了从过去以维护封建统治阶级少部分人利益向人民民主专政下维护最广大人民利益的转变。在古代的老年文化的政治伦理性主要是体现在三纲五常中，在等级森严的宗法制下将家庭治理与国家建设合为一体，最终目的是维护封建地主阶级的统治。而现代的老年文化走向社会伦理性，其特点是在人人平等的法律下将家庭治理与社会主义国家建设合为一体，以社会主义核心价值观为主导构建健康、平等、自由的家庭，更以社会主义核心价值观主导下的家庭关系凝聚民心，加强民族凝聚力，推进建设中国特色社会主义。

（二）群众性

新时代的老年文化具有明显的群众性的特点，老年文化的群众性主要体现在以下几个方面。一是深深体现在社会适老化建设改造中。进入新时代，面对日益突出的老龄化问题，党和人民聚焦全民适老化工作，加快完善社会适老化改造，推动老龄事业高质量发展。社会适老化建设要求全体人民一起加入老龄化事业发展建设中，为其献计献策。二是体现在当今养老政策和制度当中。我国政府提出，实施积极应对人口老龄化国家战略，发展养老事业和养老产业，优化孤寡老人服务，推动全体老年人享有基本养老服务。为推动全体老年人享有基本养老服务，保障养老政策优惠能够惠及全体老年人，着重推动农村养老。从相关数据来看，农村老年人抚养比远大于城市，健康、经济、婚姻状况以及教育水平、医疗条件等明显比城市差。近年来，从中央到地方都高度重视农村养老问题，出台了一系列举措积极应对农村人口老龄化，化解养老难题，使得相关的养老福利政策惠及全体老年人。

第三章　作为老年文化主体的老年人

第一节　老年人的特征

一、老年人的生理特征

人体由婴儿期走向老年期的过程中，身体的各个系统都会出现显著的变化，这一正常生理变化称为老化。生物体的老化在人体的皮肤系统、神经系统、心血管系统、骨骼和肌肉系统、消化系统、呼吸系统、泌尿系统呈现出不同的形式。

1. 皮肤系统

随着身体老化，老年人的皮肤系统机能有所下降。第一，干燥。随着年龄的增长，老年人的皮肤往往变得更加干燥。这是因为老年人的皮肤细胞减少，皮肤屏障功能减弱，导致水分流失加剧。第二，皱纹。老年人常常出现更多的皱纹。这是因为皮肤中的胶原蛋白和弹性纤维减少，使得皮肤无法紧绷，进而出现皱纹的形成。第三，弹性减退。老年人的皮肤弹性逐渐减退，失去了年轻时的紧致感。这是由于胶原蛋白和弹性纤维的减少，以及皮肤中脂肪和水分的流失。第四，色素沉着。老年人的皮肤容易出现色素沉着，尤其是面部和手部。这是因为黑色素细胞的数量和活性减少，导致黑色素在皮肤中沉着，形成斑点和淡褐色斑块。第五，皮肤薄化。老年人的皮肤逐渐变得更薄。皮下脂肪减少，皮肤结缔组织和毛细血管减少，使皮肤变得更脆弱，容易受伤和瘀伤。

2. 神经系统

神经系统的衰老几乎影响人体其他所有的生理系统。神经系统由大脑和分布于机体内的神经网络组成，到 75 岁时，大脑的重量由于液体的流失减轻 10%，这种变化本身并不引起大脑功能的丧失。[1] 其中与衰老最相关的改变在于神经介质（neurotransmitter）的效率降低，随着身体老化，突触传递脉冲越来越慢。[2]

老年人在神经系统上的老化主要体现在以下几个方面：第一，记忆力减退。老年人的记忆力通常会出现衰退的现象，尤其是对于新学习的事物或者需要长期记忆的事物。他们可能会更难记住新的信息、日期、名字等。第二，注意力不集中。老年人在注意力上可能会有困难，他们可能更容易分散注意力、难以集中精力进行多任务处理。第三，反应能力下降。老年人的反应速度会明显下降，这可能影响他们在行动上的敏捷性和应对能力。第四，平衡和协调能力减弱。老年人由于神经系统老化和肌肉力量下降，可能更容易失去平衡，增加跌倒的风险。第五，神经传导速度变慢。老年人的神经传导速度相对较慢，这也会导致他们在反应和运动上的延迟。

3. 心血管系统

伴随身体老化，心血管系统的效率降低。老年人在心血管系统方面的老化表现主要包括以下几个方面：第一，动脉硬化。随着年龄的增长，动脉会逐渐失去弹性，形成硬化斑块，使血管变得狭窄和僵硬。这会导致血液流动受阻，增加发生心血管疾病的风险，比如高血压、冠心病等。第二，心肌肥厚。心肌是心脏的肌肉组织，随着年龄的增长，心肌细胞会逐渐增加并变得肥厚。这会导致心脏的收缩力下降，增加心力衰竭的风险。第三，心律失常。老年人更容易出现心律失常，如心房颤动、室性心律失常等。心律失常会干扰心脏正常的节奏，增加中风和心脏病发

---

① CUNNINGHAM W R, BROOKBANK J W. Gerontology: The Psychology, Biology, and Sociology of Aging [M]. New York: Harper & Row, 1988.

② EBERSOLE P, HESS P. Toward healthy aging: Human needs and nursing response (5th ed.). St. Louis, MO: Mosby, 1998.

作的风险。第四，血管紧张素增加。随着年龄的增长，身体会产生更多的血管紧张素，这是一种导致血管收缩的激素。血管紧张素的增加会导致血压升高，增加心脏负担。第五，冠状动脉病变。冠状动脉是心脏供血的主要血管，随着年龄的增长，冠状动脉会发生斑块的形成，导致血流受限，可能导致心绞痛或心肌梗死。第六，心脏功能下降。老年人的心脏功能会逐渐下降，心脏收缩力变弱，心脏的排血功能下降。这可能导致心脏泵血能力减弱，影响身体其他部位的供血。

4. 骨骼和肌肉系统

随着机体老化，骨骼和肌肉系统机能随之下降。我国老年人在骨骼和肌肉系统方面的老化表现主要包括以下几个方面。第一，骨质疏松。随着年龄的增长，老年人骨骼中的骨密度逐渐降低，骨质变脆弱，容易发生骨折。骨质疏松主要影响脊椎、髋关节和手腕等部位。第二，肌肉力量减弱。年龄增长会导致老年人的肌肉力量逐渐减弱，肌肉质量降低。这可能导致活动能力下降、步态不稳、肌肉萎缩等问题。第三，关节炎和关节变形。老年人更容易患上关节炎，如骨关节炎，导致关节疼痛、僵硬和功能受限。关节变形如膝关节和手指关节的畸形也较为常见。第四，弹性和柔韧性下降。老年人的软组织弹性和柔韧性会逐渐减退，包括肌肉、肌腱和韧带。这可能导致肌肉的拉伸能力下降，增加关节局部扭伤和拉伤的风险。

5. 消化系统

随着机体老化，消化系统机能下降，食道狭窄或弹性减弱。[1] 老年人在消化系统方面的老化表现主要包括以下几个方面：第一，消化功能下降。随着年龄的增长，老年人的消化功能会逐渐下降。胃肠道壁的肌肉活动减弱，胃酸分泌减少，消化酶和胆汁分泌减少等都会影响食物的消化和吸收。第二，食欲减退。老年人的食欲会相对减退，可能是由于心理因素、味觉和嗅觉的衰退或消化功能下降的影响。食欲减退导致老年

---

① EBERSOLE P，HESS P. Toward healthy aging：Human needs and nursing response（5th ed.）. MO：Mosby，1998.

人摄入的营养物质不足，影响身体的健康。第三，营养吸收减少。老年人由于消化功能的下降和吸收通道的减少，可能导致营养物质吸收的不足。这可能导致营养缺乏和体重下降的问题。

6. 呼吸系统

随着年龄的增长，老年人的呼吸系统也会出现一些老化的表现，主要包括以下几个方面：第一，肺活量降低。随着年龄的增长，肺部组织逐渐减少，弹性降低，这导致老年人的肺活量降低。肺活量的降低意味着老年人每次呼吸的气体交换量会降低，容易出现氧气不足或二氧化碳积聚的情况。第二，肺弹性减退。老年人的肺组织弹性减退，导致呼吸气流在肺内的流动减慢，氧气交换效率降低。这可能导致老年人容易感到气促、喘息或呼吸困难。第三，咳嗽反射减弱。老年人的咳嗽反射逐渐减弱，这导致老年人更容易受到呼吸道感染的影响。呼吸道感染会加重老年人呼吸困难，并增加发生其他并发症的风险。

7. 泌尿系统

随着机体的老化，泌尿系统机能有所下降。随着年龄的增长，老年人的泌尿系统也会逐渐发生变化，并出现一些老化的表现。以下是老年人泌尿系统老化的常见表现：第一，肾功能下降。随着年龄的增长，老年人的肾脏功能会逐渐下降。这可能导致尿液的排泄速度减慢，更容易发生尿液滞留和感染。第二，尿频和尿急。老年人可能会感觉到更加频繁地需要排尿，尤其是夜间。他们也可能会有尿急的感觉，即需要立即找到厕所排尿。第三，尿失禁。老年人的尿液控制能力可能会下降。随着年龄的增长，老年人的肾脏功能会逐渐下降，这可能导致尿液的排泄速度减慢，更容易发生尿液滞留和感染、失禁的情况。他们可能会难以控制尿液的流出，即使只是小量的压力，也会导致意外的尿失禁。

二、老年人的心理特征

人到晚年，在身体机能衰退的过程中，人的心理也会发生改变，生理因素导致的心理改变表现在多方面。

1. 认知系统的变化

（1）感官衰退

伴随着衰老，不仅人的视力和听力会衰减，痛觉、温觉、味觉都会出现一定程度的衰减。具体来说，以下是老年人在几个常见感官方面的衰退表现：第一，视觉衰退。老年人常常面临视力下降的问题。他们可能会出现近视或远视加重、对细小字体或暗光环境适应的困难，以及眼睛对快速运动的敏感度下降。老年人还可能需要更长的时间适应不同的光线条件。第二，听力衰退。老年人的听力可能会下降，这被称为老年性听力损失。他们可能会发现自己难以听到细微的声音或清晰的对话。高频率声音的听觉敏感度可能会降低，这可能会影响他们对于语音和音乐的理解和欣赏。第三，味觉和嗅觉衰退。老年人在味觉和嗅觉方面也可能会出现衰退。他们可能会对食物味道的感知变得较弱或者对某些味道变得不敏感。嗅觉的丧失可能会导致老年人无法正确地感知气味，如闻不到烧焦的气味或者无法辨别食物是否变质。第四，触觉衰退。老年人的触觉感知能力可能会下降。他们可能会感觉手脚的触觉减弱，容易出现感觉迟钝及对温度敏感度降低。

（2）认知衰退

认知是指人们通过感知、记忆来反映客观事物并进行思考处理再应用的心理过程。老年人的认知老化特征主要表现在记忆力、注意力、学习能力、处理能力下降的情况：[1] 第一，记忆力衰退。老年人可能会出现记忆力下降的情况，包括难以记忆新的信息、容易忘记之前记住的信息和事情。他们可能会经常忘记常见的事情，比如约定的时间或者人的名字。第二，注意力不集中。老年人在注意力和集中力方面可能表现出问题。他们可能更容易分心、专注力不集中，或者更容易被外界干扰。这可能导致在完成任务时需要更多的努力和集中精力。第三，难以学习新知识。老年人可能在学习新知识上遇到困难。他们的学习能力和记忆能

---

[1] 彭华茂. 21 世纪中国老年心理学研究：现状与未来［J］. 心理发展与教育，2017，33（4）：496-503.

力相对较弱，需要更多的重复和时间才能掌握新的信息。第四，处理速度减慢。老年人在处理和分析信息的速度上可能会变慢。他们可能需要更长的时间来完成认知任务，比如作决策、解决问题或者进行复杂的思考。这可能表现为思维迟缓或者反应变慢。

（3）思维与想象力衰减

老年人思维与想象力衰减的表现主要有以下几个方面：第一，创造力减退。随着年龄的增长，老年人的创造力和想象力可能会减退。他们可能会感到缺乏新颖的思维和创意，并且在解决问题和面对新的挑战时可能表现得比较传统和保守。第二，缺乏灵活性。老年人的思维和想象力可能相对较为固定和缺乏灵活性。他们可能更喜欢按照既定的模式和框架思考问题，并且不太愿意尝试新的观点和方法。第三，难以适应变化。老年人在面对新的情况和变化时可能会感到困难和不适应。他们可能更喜欢依照过去的经验和习惯来处理事情，并且对于新的思维方式和观念可能表现出抵触。

（4）智力的变化

智力的构成非常复杂，主要由注意力、记忆力、想象力、思维能力、观察力、实践操作能力和环境适应能力等方面的能力构成，它是一个整体的、综合的能力。老年人的智力变化具有一些特点，其中液态智力倾向于更早、更快地衰退，而晶态智力则倾向于较晚、较慢地衰退。霍恩（Horn）和卡特尔（Cattell）将智力的不同方面归纳为两类，即"液态智力"和"晶态智力"。液态智力主要与人的神经系统的生理结构和功能有关，它指的是获取新观念、洞察复杂关系的能力，例如知觉整合能力、近事记忆力、思维敏捷度以及与注意力和反应速度相关的能力。成年后，液态智力随着年龄增长而降低，老年时期下降更为明显。晶态智力与后天的知识、文化和经验的积累有关，例如词汇量、理解力和常识等。对于健康的成年人来说，晶态智力并不随着年龄增长而减退，有些甚至还有所提高，直到70岁或80岁后才会出现减退，并且减退速度相对较慢。

2. 人格

人格又称个性，是以人的性格为核心，包括先天素质，以及受家庭、学校教育、社会环境等心理的、社会的影响，逐步形成的气质、能力、兴趣、爱好、习惯和性格等心理特征的总和。

老年人的人格特征是怀旧，思维和记忆更喜欢针对过去。怀旧是老年人常见的人格特征之一，表现在以下几个方面：第一，回忆过去。老年人常常回忆自己年轻时的经历。他们可能会经常谈论旧时的故事和人物，重新体验那段美好的回忆，与家人和朋友分享过去的经历。第二，珍惜传统价值观。怀旧的老年人更加珍视传统的价值观念和道德观念。他们认为过去的道德准则和行为方式更为稳定和可靠，乐于保持传统的生活方式。第三，关注家庭和血缘关系。怀旧的老年人通常非常重视家庭和血缘关系。他们会回忆亲人间的温馨时光，坚持传统家族观念，注重家庭纽带的维系。第四，重温旧爱好。怀旧的老年人往往会重拾过去的爱好，比如听老歌、看老电影、收藏老物件等。这些活动能唤起旧时的情感和记忆，带来心灵上的满足和愉悦。第五，强调人际关系。怀旧的老年人会更加注重人际关系的建立和维系。他们通常愿意与老朋友保持联系，重聚旧友，搭建起更多的社交网络，以分享彼此的回忆和情感。

3. 情绪与情感

老年人面临生理与心理以及社会适应等多重变化，表现为情绪起伏大，遇事容易失控，反应过度强烈，更容易体验到失落、孤独、抑郁等负面情绪。

个体在老年时期会对年轻时代的故人、场景、事件产生怀念，极度怀念的状态可能会导致老年人消极的心理，从而对现状感到不满，影响老年人的心理健康。[1] 第一，老年人可能会沉溺于过去。一些老年人可能会过度沉溺于对过去的美好回忆，无法接受现实的变化和老去的身体。他们可能会对现实感到不满和失望，觉得自己的生活不再有意义。这种消极心理可能导致情绪低落、自我封闭和社交孤立。第二，老年人可能

---

[1] 胡英娣. 老年人心理与行为 [M]. 北京：海军出版社，2017.

对现实不满。怀旧可能使老年人对现实生活感到不满。他们可能会对社会的变化、科技的发展等产生抵触情绪，觉得现在的世界与过去不同，无法适应和接受。这种不满情绪可能导致情绪波动、焦虑和烦躁。第三，老年人可能对于失去产生悲伤。在晚年，老年人可能会面临亲友离世、身体功能下降等失去健康的情况。这些失去可能会引发悲伤的情绪，使他们感到孤独和无助。他们可能会对生活失去信心和动力，产生消极的心理情绪。

在老年人群体中，疾病与心理的关系，是必须要关注的问题之一。强烈的、持久的不良情绪会影响机体各个系统的正常生理功能，如果这种影响持续时间过长，生理功能障碍会进一步加重和发展，导致出现病理性变化，发展为身心疾病。第一，疾病可能会造成老年人忧虑和焦虑。老年人在面对身体疾病时，常常会感到担忧和焦虑。他们可能会担心病情的发展，担心生活质量的下降，担心成为家人的负担等。这种焦虑情绪可能会导致睡眠问题、食欲减退等身体上的反应。第二，疾病可能会造成老年人沮丧和抑郁。某些身体疾病会给老年人带来痛苦和困扰，导致情绪低落和抑郁。他们可能觉得自己失去了活力和快乐，感到生活没有希望和意义。抑郁情绪会使老年人对生活失去兴趣，影响到他们的日常活动和社会交往。第三，疾病可能会造成老年人的自卑感。一些身体疾病会影响老年人的外貌、健康和功能，从而导致自卑感的产生。他们可能会觉得自己不再具备之前的魅力和价值，与他人交往时缺乏自信。这种自卑感可能会导致与他人的疏远和强烈的孤独感。

此外，人类对于死亡的本能反应是恐惧。老年人在面对死亡时，同样也会有一系列的心理活动。首先是震惊，也就是对自己即将死亡现实认为"不可能"，继而表现为拒绝，拒绝相信即将面对死亡的现实；然后是气愤、讨价还价，再接着是悲伤，这是时间最长的一个阶段，主要特点是沮丧、抑郁和性格改变；最后一个阶段是接受。老年人对衰老或死亡可能会产生不良情绪，以下是一些可能的表现：第一，恐惧和焦虑。面对衰老和死亡，老年人可能会感到恐惧和焦虑。他们可能担心自己的身体健康状况恶化，担心失去独立和自主能力，担心面对死亡的未知和不可避免。这种恐惧和焦虑情绪可能导致睡眠问题、食欲减退等身体上的反应。第二，沮丧和绝望。衰老和死亡的存在可能使老年人感到沮丧和绝望。他们可能觉得自己失去了年轻时的活力和健康，感到生活的意义和价值减少。这种沮丧和绝望情绪可能导致对生活失去兴趣，影响到日常活动和社会交往。第三，接受困难。一些老年人可能难以接受衰老和死亡的现实。他们可能会抗拒或否认自己的衰老状态，不愿意面对死亡的存在。这种困难接受情绪可能导致情绪波动、抵触和冲突。

三、老年人的社会特征

个体进入老年时期是一个社群关系不断退出的阶段，脱离或是中断是老化过程中的多数结果。[①] 在社会关系中，老年时期呈现出中断与脱离的主要特征。

1. 社会活动变化

（1）退休与强制退休

退休是根据国家规定，劳动者因年老、工伤、疾病等原因完全或部分丧失劳动能力而离开工作岗位。而强制退休是指职工达到一定年龄或身体状况无法胜任工作，由雇主或机构强制性地办理退休手续并支付相应的退休金。老年人在达到一定年龄或其他条件时需要退休，这意味着他们与社会的重要联系中断，是老年人群体最显著的社会特征之一。

（2）人际交往变化

退休后，老年人容易产生失落感与无用感，心理层面变保守，不愿与人交往。第一，退休后老年人可能会感到孤独和失去方向感。他们可能不再有每天与同事们交流的机会，社交活动减少，导致情感上的孤立感。第二，退休可能会给老人造成一定的社交障碍。某些老年人可能会遭遇身体健康问题，限制了他们的社交活动。例如，行动不便、听力或

---

① 张伟新，王港、刘颂. 老年心理学概论［M］. 南京：南京大学出版社，2020.

视力下降等，这可能使他们感到与外界的联系变得困难。第三，一些老年人可能因为退休后没有明确的日常安排和兴趣爱好，导致他们缺乏主动参与社交活动的动力。第四，对一些老年人可能会造成一定的社交隔离。一些老年人可能因为生活环境变化或移居到新的地方而面临社交隔离的问题。他们可能失去了以往的社交网络，未能建立起新的社交圈子，从而导致孤立感增加。

（3）家庭关系的变化

一方面是老年人与配偶的关系。老年群体在配偶关系方面，不同于其他时期的感情，二者之间逐渐由爱情演变为亲情，需要更多的相互扶持，共同度过老年时期。第一，日常互动减少。随着年龄增长和身体健康状况的变化，老年人可能在身体上或精神上出现一些问题，导致日常活动和互动减少。这可能会导致夫妻之间的交流变少。第二，健康问题的影响。老年人的健康问题（例如慢性疾病或记忆力减退）可能给配偶带来更多的照顾责任。这些额外的责任可能导致家庭压力和紧张增加，甚至影响到配偶的身心健康。第三，退休生活方式的不同。一旦夫妻中一方退休，他们的日常生活方式可能会发生较大变化。这可能导致新的时间分配和兴趣爱好的不同，引发配偶之间的矛盾、不和谐。第四，沟通困难。可能出现沟通上的困难，例如听力问题、语言障碍或认知能力下降等，这些因素都会影响配偶之间的有效交流。

另一方面是老年人与子女的关系。逐渐脱离家庭，子女逐渐掌握家庭话语权，老年人群体需逐渐调适自身角色的变化。老人对于子女和家庭的重视度和依赖性增强。这个时候老人需要减少对于子女及其家庭的过多干预，尊重各自家庭的独立性，同时寻求子女的适度帮助，实现独立生活与子女照看之间的平衡。

2. 社会角色变化

（1）劳动角色转变为供养角色

老年人进入晚年由劳动者向供养者转变是人生的一种自然过程。随着年龄的增长，身体功能和体力逐渐下降，老年人可能无法像过去那样从事繁重的劳动。这种转变意味着老年人需要更多依赖他人的照顾和支持，特别是来自家人和社会的关注和关怀。在这个过程中，老年人的角色发生了转变。过去，他们可能是家庭和社会的支柱，为家庭和社会作出了巨大的贡献。而现在，他们需要依赖家庭和社会的支持，成为供养者并接受照顾。

（2）决策角色转变为平民角色

随着时间的流逝，老年人在家庭中也常常会由决策的角色转变为服从的角色。作为家庭的长辈和决策者，老年人曾经承担着重要的责任和角色，制定并执行家庭决策。然而，随着时间的推移，年长的家庭成员可能面临健康问题和身体机能下降的挑战，不再能够胜任以前的角色。他们可能需要依赖其他家庭成员来作出决策，接受照顾和支持，逐步减轻自身在家庭决策中的话语权，由主导地位变为平等地位，逐渐接受子女的决策。

（3）工具角色转变为感情角色

晚年是人生的一个特殊阶段，随着岁月的流逝，老年人逐渐从年轻时的工具角色转变为感情角色。他们不再以照顾生活的方式存在于家庭中，而是以情感支持的方式参与其中。他们成为家庭、社区和朋友关系中重要的纽带，为整个社会增添了温暖和稳定。首先，老年人在家庭中扮演着重要的感情角色。随着子女成长成家立业，老年人不需要像过去一样担当照顾和支持的责任。相反，他们开始享受家庭的温馨和快乐。他们成为家庭中的长者，负责传递家族的智慧和价值观，给家庭带来温暖和团结。其次，老年人在社区中也扮演着重要的感情角色。他们常常参与社区的志愿者活动，为社区的发展和改善作出贡献。随着年龄的增长，他们的朋友圈可能会变小，但与之相对的是，他们与朋友之间的友谊变得更加深厚和珍贵。

第二节　老年人的文化主体性

一、文化主体性的内涵

马克思主张人的主体性，强调人作为活动主体在与客体互动的过程中展现出的能动性、自主性和自我创造能力。人具备自主选择的能力，能够主动发挥和创造。从人的主体性延伸而来，我们也可以思考文化的主体性。要理解文化的主体性，首先需要了解文化的本质。文化贯穿过去、现在和未来，对民族的性格塑造等方面起着长久的影响。文化并非抽象的存在，它总是与一定的主体相关联。反过来，文化也是一定主体身份的标志，它在根本上回答了"我是谁"和"我将是谁"的文化主体性问题。[1]

因此，文化主体性是人在文化实践过程中表现出来的创造自我文化意识、区分他者文化的特征与能力。[2] 从文化内涵的角度来看，它是一个国家或民族拥有的内在质的规范性，这种规范性是构成其独特文化特征的内在基础。从文化发展的角度来看，它主要体现为文化发展的自主性、自我意识的能动性和创造性。任何文化要在历史长河中站稳脚跟、走得更远，必须具备自身的引领力、凝聚力、塑造力和辐射力，而这些必须建立在文化的主体性之上。

这一文化主体性，是在弘扬中华优秀传统文化、继承革命文化、发展社会主义先进文化的基础上，在借鉴吸收人类一切优秀文明成果的基础上，通过"两个结合"建立起来的。中国优秀传统文化的"两个结合"体现了对传统的保护与发展、对古老与现代的共生、对中国与世界的对接。中华民族的文化主体性源自中华民族五千多年文明历史孕育的中华优秀传统文化，是党领导人民在对中华优秀传统文化进行创造性转

---

① 郭凤志. 文化自信：民族文化主体性、文化实力和文化价值的集成［J］. 新长征，2023（10）：32-34.

② 张彦，杨思远. 文化自信自强的主体性阐释［J］. 浙江学刊，2023（5）：40-47.

化和创新性发展的基础上建立起来的。习近平总书记指出，中华优秀传统文化有很多重要元素，共同塑造出中华文明的突出特性。① 中华优秀传统文化具有强大的凝聚力和认同感。中华优秀传统文化是中国人民共同的精神家园，是他们之间的情感纽带。传承和弘扬中华优秀传统文化，有助于增强中国人民的文化自信和民族自豪感，推动民族团结和社会稳定。中华优秀传统文化中蕴含着中国人看待世界、看待社会、看待自然、看待人生的独特价值体系、文化内涵和精神品质，是中华民族文化主体性的重要基础。

二、老年人的文化主体性

对于老年人来说，鉴于他们的身体、心理和社交方面的多重变化，作为有意识经验的主体，老年人的主体性可以被理解为他们自主选择的能力、积极行动的成果以及主动创造的结果。从本质上讲，老年人的文化主体性是一种修辞性的表述，其背后真正的问题是老年人文化的独立性问题。这种理解方式的"主体性"更接近于西方哲学中的"实体"，即 substance 或 entity，指的是一种"能够存在而不依赖于其他事物存在的物体"。老年人群面临着社会层面的角色转变问题，在寻求社会认同的同时也要注重个体认同的重要性。

主流文化主体性内涵侧重于民族文化而非世界文化的独特性，老年人文化主体性与其身份认同相关联。具体来说，老年人的身份认同有两个特征：第一，他们的身份认同并非内在固有，而是通过与目标的关联行动来创造的。换句话说，个体的身份认同并非先天获取，而是后天获得的。第二，老年人的身份认同更接近于心理学上的连续性和关联性。这包括个人生命周期中的不同阶段以及程度上的变化。个人对自己的一生规划和展望决定了他们的身份。老年期作为生命周期的重要组成部分，在对自身的筹划和展望方面与中年时期相比发生了变化。他们渴望获得

① 习近平在文化传承发展座谈会上强调担负起新的文化使命努力建设中华民族现代文明[N] . 人民日报，2023-06-03 (1) .

认同，但也感受到孤独和无价值感的存在。由于对自身的期望与现实生活存在冲突，他们面临着一些挑战。

老年人的文化主体性，首先是老年人群体的自我文化认同。老年群体具备一定的社会阅历，在其逐渐由幼年期成长到老年期的过程中，必然面对生理与心理的变化，产生了独特的生活理解，并形成了老年群体特殊意涵的群体文化。随着年龄的增长，老年人有着丰富的生活经历，积累了深厚的文化底蕴，他们在日常生活中表现出对自我文化的认同有以下几个方面的表现：第一，许多老年人重视文化的传承，他们努力保持传统价值观和风俗习惯的存续。他们会通过口述、故事、歌曲、舞蹈等方式来传承自己所熟悉的文化。这样的行为不仅有助于保护文化遗产，也有助于年青一代对传统文化的认同和理解。第二，老年人常常积极参与社区的文化活动，如庆祝节日、组织志愿者工作、参加艺术活动等。通过这样的参与，老年人可以与其他社区成员建立联系，分享自己的文化价值观，同时也能够加深对自身文化的认同感。第三，老年人通常会保持他们在年轻时期养成的生活习惯，这些习惯往往与自身的文化背景密切相关。比如，在饮食方面，老年人可能会坚持吃传统的食物，遵循自己熟悉的饮食习惯。这种坚持可以被看作是对自己文化的一种认同和传承。第四，一些老年人热衷于学习和传授文化知识的活动。他们会参加文化课程、阅读文化相关书籍、参观博物馆等，从中进一步加深对自己文化的认同，并将这些知识传授给年青一代。总的来说，老年人对自我文化认同的表现主要体现在传承文化、参与社区活动、保持生活习惯以及参与文化教育等方面。这些行为既是对自身文化的认同和传承，也是与其他社区成员建立联系、分享自己文化价值观的重要方式。

其次，老年人的文化主体性，也是认识自我的主体性。老年群体自我概念可能存在不清晰、不完全的现象，当其重构自我，建立起属于自身群体的自我概念时意味着其文化主体性的构建。对于老年人来说，他们借助文化和社会的背景，进一步认识自我并发展个人的意识和身份。文化主体性在老年人中的表现可以包括以下几方面：第一，文化传承。

老年人作为一个群体，承载着丰富的文化传统和价值观念。通过传统的习俗、宗教信仰、家庭教育等，他们逐渐形成自己的文化认同和自我认知。第二，社会角色认同。老年人在社会中扮演着不同的角色，如父母、祖父母、长辈、朋友等。这些社会角色的身份认同影响着老年人对自我的认知和理解，塑造了他们的文化主体性。第三，文化参与。老年人可以通过参与不同的文化活动，如文艺表演、社区活动、志愿者工作等，进一步认知和体验自己所属文化的特点和意义。这种参与有助于老年人更好地理解自我在文化中的位置和作用。第四，自我表达。老年人可以通过各种形式的表达，如文学创作、绘画、音乐、舞蹈等，来传递自己的情感、思想和价值观。这些表达方式反映了他们对自己文化主体性的认知和理解。总之，通过文化主体性的认识，老年人能够更好地理解和接纳自己所处的文化环境，并赋予自己更积极、充实的生活意义。这种认知进一步加强了他们对自我的认同感和满足感。

总之，老年人文化主体性是指老年人在文化活动中具有的自主性、能动性和创造性。在老年人的文化生活中，应该充分尊重老年人的主体地位，发挥老年人的主动性和能动性，让老年人在文化活动中不仅得到娱乐和休闲，更能得到自我实现和自我提升。

三、老年人文化主体性的激活

为了激活老年人的文化主体性，需要从以下几个方面入手。

1. 尊重老年人的意愿和需求

随着社会的发展，老年人的资源和需求也变得越来越重要。为了尊重老年人的资源和满足他们的需求，我们可以采取以下措施：第一，提供适合老年人的教育和培训。为老年人提供适合他们年龄和兴趣的教育和培训机会，让他们能够继续学习和发展自己的兴趣爱好。第二，建立老年人社区和活动中心。为老年人创造一个交流和互动的平台，通过组织各种社区活动和兴趣小组，让老年人能够参与社会活动，增强他们的归属感和参与感。第三，重视老年人的意见和建议。尊重老年人的智慧和经验，听取他们的意见和建议，在决策过程中充分考虑他们的需求。第四，关注老年人的健康和福利。加强老年人的医疗保障和健康管理，提供适应老年人特殊需求的医疗服务和养老机构。第五，倡导尊老爱老的社会风气。通过教育和宣传，培养社会对老年人的尊重和关爱意识，鼓励年轻人与老年人建立亲密的关系，让老年人感受到社会的温暖和关怀。总之，尊重老年人的资源和需求，激活老年人的文化主体性是全社会的共同责任。只有通过多方合力，才能为老年人创造一个健康、快乐的晚年生活环境。

2. 提供适合老年人的文化活动

随着人口老龄化的加剧，提供适合老年人的文化活动变得越发重要。以下是一些激发老年人文化主体性的措施：第一，多样化的文化活动。提供丰富多样的文化活动，涵盖音乐、舞蹈、戏剧、绘画、手工艺等多个领域。老年人可以根据自己的兴趣选择参与，增加参与度和积极性。第二，社区文化中心平台建设。建立社区文化中心，为老年人提供舞台，展示自己的才华和创造力。可以是表演、展览、演讲等形式，让老年人有机会展示自己的才艺。第三，文化培训和课程。设置符合老年人需求的文化培训和课程，如音乐、绘画、书法等。这可以提供学习机会，培养老年人的文化兴趣和技能，并且提供平台进行交流和互动。第四，文化交流活动。举办老年人文化交流活动，例如老年人合唱团、舞蹈团、戏剧团等。通过参与文化团体，老年人可以与其他人分享自己的爱好和经验，增进相互之间的交流和友谊。第五，数字化文化体验。利用数字化技术，为老年人提供在线音乐、电影、绘画等文化资源。建立老年人电子阅读平台，让老年人能够方便地获取书籍和期刊，满足他们的阅读需求。总之，以上措施的目的是尊重老年人的兴趣、需求和权益，让他们成为自己文化生活的主导者。通过为老年人提供多样化的文化活动和参与机会，可以确立他们的文化主体性，让他们真正享受文化的乐趣，并且在社区发挥积极作用。

3. 鼓励老年人自我表达和创作

要鼓励老年人自我表达和创作，激发老年人的文化主体性，可以采取以下措施：第一，提供支持和鼓励。对于老年人的创作和表达，要给予积极的支持和鼓励，建立一个开放、包容的环境。鼓励老年人敢于表达自己的想法、感受和创意，让他们感受到自己的价值和重要性。第二，艺术培训和工作坊。提供专门的艺术培训和工作坊，如绘画、摄影、写作等，帮助老年人培养创作技能和艺术表达能力。通过专业指导和互动学习，老年人能够更好地发挥自己的创造力和表达能力。第三，设立展示和演出平台。为老年人创作和表达提供展示和演出的机会。举办老年人艺术展览、文化表演、朗诵会等活动，让老年人的作品得到展示和赞赏，激发更多的创作动力。第四，文化交流和合作。鼓励老年人之间的交流和合作，形成良好的文化氛围。可以组织老年人创作团队、举办文化交流活动，让老年人之间相互启发、交流经验，激发更多的创作灵感。第五，利用社交媒体和数字化平台。借助社交媒体和数字化平台，让老年人能够更广泛地展示和分享自己的创作。通过互联网的力量，可以让更多的人看到老年人的作品，分享他们的文化创造。总之，以上措施的目的是激发老年人的创造力和自我表达欲望，让他们在艺术和文化领域发挥自己的主体性。通过提供支持、培训、展示和交流的机会，老年人可以更好地展现自己的才华和创作，享受文化创造的乐趣，并与他人一起共同创造和分享文化的美好。

4. 加强文化教育和培训

随着社会的快速发展和老龄化程度的不断加深，老年人的文化教育和培训显得尤为重要。为了实现老年人的文化主体性，我们可以采取以下措施加强文化教育和培训：第一，搭建多样化的文化教育平台。建立老年人文化教育中心、研习班、文化活动中心等多样化的教育培训场所，提供各种形式的文化课程和活动，满足老年人的不同需求和兴趣。第二，丰富文化教育资源。为老年人提供丰富的文化资源，包括书籍、音乐、电影、艺术作品等。可以建立老年人图书馆、音乐厅、电影院等文化设施，为他们提供一个良好的学习和欣赏的环境。第三，鼓励老年人参与文化活动。通过举办文艺演出、艺术展览、读书分享会等文化活动，鼓励老年人积极参与，并提供相应的奖励和荣誉，激发他们的学习热情和创造力。第四，培养专业文化教育师资。建立老年人文化教育师资队伍，培养一批专业化的文化教师，能够为老年人提供高质量的文化教育服务。第五，制定政策保障老年人文化权益。在社会层面上，我们可以制定相关政策，保障老年人的文化权益，鼓励各界力量积极参与老年人文化教育和培训事业。总之，为了实现老年人的文化主体性，我们需要倡导全社会的关注和重视，通过建立多样化的文化教育平台，丰富文化教育资源，鼓励老年人参与文化活动，培养专业文化教育师资，制定相关政策保障老年人的文化权益，共同努力，让老年人在文化教育和培训中获得更多的满足和成长。

5. 建立老年人文化交流平台

建立老年人文化交流平台，激发老年人的文化主体性，可以从以下几个方面来实施：第一，创建社区空间。建立老年人文化交流的社区空间，可以是线上或线下的社区。线上社区开设专门的老年人文化交流群、论坛或网站，供老年人发布动态、分享经验、讨论话题等。线下社区建立老年人文化交流中心、老年人活动中心等，提供场地和设施，组织各种文化活动。第二，举办文化活动。定期举办老年人文化活动，如书法、绘画、舞蹈、音乐等艺术培训课程，让老年人有机会学习和体验不同的文化形式。同时，可组织文化展览、表演、讲座等，邀请专家学者或文化艺术家与老年人进行互动交流，激发老年人的文化创造力和表达欲望。第三，建立文化团队。组建专门的老年人文化团队，由专业的文化工作者或志愿者担任指导者和组织者，负责策划和执行各种文化活动。他们可以与老年人合作，共同参与文化项目的筹备和实施，给予老年人更多的主体性，使他们主动参与和贡献自己的文化资源。第四，建立互动平台。利用现代科技手段，建立老年人文化交流的互动平台。通过移动App、社交媒体等，老年人可以随时随地分享自己的文化交流心得，与其他老年人进行互动。同时，也可以通过在线学习平台提供文化知识的学习资源，让老年人在学习的过程中增强自身的文化主体性。第五，重视老年人文化需求。政府、社会组织和相关机构应当重视老年人的文化需求，加大投入，制定相关政策，提供相应的资源支持，鼓励和推动老年人参与和创造文化。同时，还应加强对老年人的文化培训和素质提升，提高老年人的文化认知和素养，使他们更好地参与文化交流和创造。总之，通过以上措施的实施，可以建立起一个老年人文化交流平台，让老人实现文化主体性，享受文化生活，丰富精神世界。这不仅能够满足老年人的精神需求，还能够促进老年人之间的互动和交流，增强社会凝聚力和文化多样性。

第三节　老年人文化素养

一、老年人的文化意识

1. 老年人文化意识的内涵

意识就是对认识的认识。文化基本上是群体的认识。文化意识就是对群体认识的认识。在当下语境下，文化意识是指人们对于文化的认知、理解和感知。它是一个人对于自己所属文化的认同和对其他文化的尊重、包容的意识。文化意识是一个人对于文化差异的敏感性和理解能力的体现，它不仅涉及个体层面的认知，也关乎整个社会的文化观念和价值观。对于老年人群体来说，其对于文化的认知、理解与感知与其他时期不同，经历了社会化的过程，在家庭、学校与社区等不同环境的文化影响下，形成了独特的文化认同与价值观。老年人的文化素养主要体现在对自己所属文化的认同，继而产生对文化的自信与自觉。

老年人的文化意识是指在社会、历史和价值观念等方面形成的一种独特的文化认知和情感体验。老年人通常会受到所处社会环境和个人生活经历的影响，形成对传统文化和价值观的一定理解和认同，同时也会对社会风貌形成自己的观点。在文化意识方面，老年人可能更加注重家庭、传统习俗和社会责任，并对人生阅历有着独特的反思和体验。他们可能会尊重传统文化，保留习俗和价值观，同时也会具备对当代世界的理解和包容，形成一种独特的文化意识。老年人的文化意识是他们在长期的生活经历中形成的独特的文化观念和价值观念，包括对传统文化、现代文化、社会价值观、道德伦理等方面的认知和态度。随着年龄的增长，老年人的文化意识会逐渐固化，并对他们的生活方式、思维方式和行为方式产生深远影响。老年人通常更加重视传统文化和习俗，认为这些文化元素是维系社会稳定和家庭和睦的重要因素。他们往往更加注重礼仪、道德规范和人际关系的处理，强调家庭、亲情和友情的重要性。同时，老年人也更加关注社会公正、道德伦理和环境保护等问题，认为这些问题是社会可持续发展的重要方面。

2. 老年人文化意识的发展现状

在当今社会，随着信息技术的快速发展和文化交流的日益频繁，老年人的文化意识也在不断变化和更新。老年人的文化意识发展在现代社会中表现出许多积极的方面。以下是其中一些方面的具体表现：第一，老年人积极进行文化参与。越来越多的老年人开始积极参与各种文化活动，例如参观博物馆和艺术展览、听音乐会等。他们通过参与这些活动，不仅满足了自身的兴趣爱好，还拓宽了视野，增加了自己对艺术和文化的理解与欣赏。第二，老年人积极进行文化传承。老年人作为社会的智慧库，他们经历了许多风风雨雨，拥有丰富的人生经验和智慧。通过与年青一代分享自己的经历和知识，老年人能够将传统文化、价值观念和道德观念传承给后代，使年轻人更好地了解和继承自己的文化。第三，老年人积极进行学习进修。越来越多的老年人认识到学习的重要性，并获取各种学习机会。他们参加培训班、社区大学等活动，学习新知识，提升自己的综合素质。通过学习，老年人增强了自己的活力，也更好地融入了现代社会。第四，老年人积极进行文化创造。部分老年人还积极参与文化创作和艺术表演。他们通过书法、绘画、音乐、舞蹈等形式表达自己的情感和艺术才华。这不仅增添了生活的乐趣，还为社会带来了更多精神食粮。

然而，老年人的文化意识也存在一些问题，主要体现在以下几个方面。第一，老年人出生和成长的时代背景不同于现代社会。他们在年轻时经历过战争、动荡和困难的岁月，这些经历对他们的价值观和思维方式产生了深远的影响。因此，他们可能更倾向于保守、传统的价值观念，相对较难接受新的文化现象和理念。第二，老年人的社交圈子往往局限于同龄人或者家庭成员。由于生活环境的限制和身体条件的变化，老年人与年青一代的交流和接触较少，这导致了老年人在对年轻人的文化表达方式和兴趣的理解上存在一定的局限性。例如，老年人可能不太理解年轻人追求个性化、多元化的审美观和娱乐方式。第三，老年人更容易受到传统文化的影响。由于长期生活在传统观念比较强烈的社会中，老年人更倾向于传统文化的欣赏和推崇。他们可能更熟悉古典文学、古代音乐和传统艺术形式，对当代流行文化的了解和欣赏相对较少。然而，我们也不能忽视老年人的智慧和经验积累。他们在社会历程中见证了许多变迁和发展，具有独特的历史记忆和人生体验。他们对于传统文化和价值观的坚守，也是社会文化传承的重要力量。因此，理解老年人的文化意识局限性，并尊重他们的文化选择和价值观是很重要的。年青一代可以通过积极的交流和对话，增进双方的理解和共识，推动文化的交流和融合。同时，社会也可以提供更多的机会和资源，满足老年人对传统文化的需求，促进年青一代和老年人的文化交流和互动。

二、老年人的文化素养

老年人的文化素养可以从多个方面来分析。

1. 语言文字

老年人的文化素养在语言文字方面有着重要的表现。首先，老年人通常能够掌握一定的语言文字技巧和表达能力。随着年龄的增长，他们在多年的生活经历中积累了丰富的词汇和语法知识，能够用准确、流畅的语言进行表达。他们对于传统的诗词歌赋、经典文学作品有一定的理解和欣赏能力，能够运用这些知识来丰富自己的思维和表达方式。其次，老年人对于文字的重视和使用频率也体现了他们的文化素养。相比于现代社会的网络通信和图像化表达方式，老年人更倾向于使用书信、纸质书籍、报纸等传统的文字载体进行交流和阅读。这种传统的交流方式不仅体现了他们对于文字的重视，也反映了他们对于语言文字的敬畏之情。此外，老年人对于文字的理解和解读能力也是他们文化素养的一个重要表现。他们能够从文章中获取意义和信息，理解作者的观点和思想，进而进行思考。在面对复杂的文本阐释和文化内涵时，老年人常常能够运用自己的知识和经验进行积极的思考和推敲，从而对文化有更深入的认识。因此，语言文字是老年人文化素养的重要体现，通过文字的运用，他们能够传承和表达自己的文化价值观，与其他年龄层的人进行交流和对话，促进文化的传承和发展。

2. 文化知识

在文化知识方面，老年人的文化素养表现在以下几个方面：首先，老年人对于传统文化的了解和掌握往往更为深入。由于受年轻时代的教育和生活环境的影响，老年人对于传统文化、历史文化、民俗文化等方面有着更为系统和全面的了解。他们对于经典文学作品、传统节日、戏曲音乐等传统文化形式有着独特的感受和认知，积累了丰富的文化知识。其次，老年人在某些特定领域的文化知识上可能也表现出较高水平。例如，在自己的职业领域或兴趣爱好方面，老年人往往具备丰富的专业知识。他们可能是优秀的艺术家、演奏家、翻译家、历史学家等，对于自己擅长的领域有着深入的研究和了解，为社会文化的传承和发展作出了重要贡献。此外，老年人通过多年的生活经验积累了独特的人生哲学和智慧。他们在社会历程中见证了许多历史事件和社会变革，对于人性、社会关系、人生意义等有着深刻的思考和洞察。这种人生智慧和哲学思考也是老年人文化素养的重要组成部分。

因此，老年人的文化素养在文化知识方面表现出传承和深入的特点。通过传承和发扬传统文化，老年人为社会的文化多样性和持续发展作出了重要贡献。与年青一代的交流和互动可以进一步促进文化知识的交流和融合，实现不同年龄层之间的文化共享和共同进步。

3. 社会文化

在社会文化方面，老年人的文化素养表现在以下几个方面。首先，老年人对社会的历史、传统和价值观有着深入的理解和认同。他们经历过社会的许多变革和转变，对于社会的发展和演变具有独特的见解和体验。他们对社会文化的变化进行比较和分析，保持对社会价值观念的坚守和传承。其次，老年人往往在社会的各个领域有着较为广泛的社交圈子。他们参与了许多社会活动、公益事业、民间组织等，与各个年龄层的人交流和互动。通过这些社交活动，老年人可以更好地了解社会的现状和发展动向，与其他年龄层的人分享自己的文化观念和价值观。此外，老年人对于社会文化的传承和发展起着重要的作用。他们作为前辈和长者，在家庭、社区、社会中起到典范和表率的作用，传递许多文化传统、道德规范和价值观念。他们通过口口相传、教育后代、参与社区活动等方式，维护和传承社会的文化传统和准则，促进社会的稳定和谐。因此，老年人在社会文化方面的文化素养表现出传承和参与的特点。他们通过对社会的理解和参与，促进社会文化的发展和进步。与年青一代的交流和互动，可以实现不同年龄层之间的文化共享和共同进步，推动社会的和谐发展。

4. 心理健康

心理健康是老年人文化素养的一个重要方面，它涉及老年人的思维、情感、社交和生活方式等多个层面。首先，心理健康对老年人的文化素养具有重要的影响。良好的心理状态可以提升老年人的文化情趣和审美品位，使他们更能欣赏和理解艺术、文学、音乐等文化形式。同时，积极的心态能够激发老年人对世界和人生的兴趣，促使他们持续学习和探索，拓宽自己的知识和文化领域。其次，心理健康对老年人的社交活动和社会参与具有积极的影响。心理健康的老年人更具有社交能力和社会适应性，他们能够与他人建立良好的人际关系，参与社团组织、志愿者活动等社交活动。通过与他人的交流和互动，老年人能够分享和传递自己的文化智慧，促进社会的文化交流和共享。此外，心理健康也对老年人的身体健康和生活质量产生积极的影响。心理健康可以帮助老年人应对生活中的挑战和困难，增强自身的抵抗力和适应能力。这有助于预防和缓解老年人常见的心理问题，如抑郁、焦虑等，提高他们的生活满意度和幸福感。综上所述，心理健康是老年人文化素养的重要方面。良好的心理健康状态有助于提升老年人的文化品位和社交能力，推动社会文化的传承和发展。而社会应该重视老年人心理健康的需求，为他们提供必要的支持和关怀，营造积极健康的老年文化环境。

5. 道德伦理

道德伦理是老年人文化素养的重要方面，它涉及老年人在道德、伦理和价值观念方面的素养和实践。首先，老年人往往具有丰富的人生经验和智慧，对道德伦理有着深入的思考和理解。他们通过多年的社会历程和人生阅历，形成了独特的价值观念和道德观点。老年人往往注重传统的道德准则和伦理原则，秉持着诚实、宽容、尊重等道德品质，并将其应用于日常生活和社交活动中。其次，老年人作为社会的前辈和长者，具有一定的道德榜样和引导作用。他们通过言传身教的方式传递道德价值观和行为准则，影响着后代和社区的道德意识和伦理道德行为。老年人在家庭、社区和社会中展示出的道德操守和品德修养是年青一代学习和借鉴的重要对象。此外，老年人对社会的和谐和稳定有着深刻的认识和坚持。他们强调亲情、友情、社会责任等核心价值观念，注重维系社会关系、传递正能量，推动社会的团结和进步。老年人往往具有包容的品质，能够理解和体谅他人，积极参与公益慈善活动，为社会的道德建设发挥积极的作用。综上所述，道德伦理是老年人文化素养中不可或缺的一部分。老年人通过传承道德价值观，为社会的道德建设贡献力量。与年青一代的交流和互动，可以促进道德伦理观念的交流和融合，实现文化共融和共同进步。

三、老年人文化素养的养成

1. 提高老年人的文化素养需要从日常生活的方方面面入手

首先，鼓励老年人多读书，多看报纸和杂志，从中获取知识和文化信息。组织或推荐适合老年人的读书俱乐部、文化讲座或在线学习课程，让他们在家庭、社区或网络中持续学习和获取知识。其次，鼓励老年人积极参与社区、社团和志愿者活动。这些活动不仅可以拓宽老年人的社交圈子，还能让他们接触到丰富的文化活动和创造艺术的机会。最后，带领老年人参观博物馆、艺术馆、剧院和音乐会等文化场所，让他们亲身体验和感受文化艺术的魅力，促使老年人积极投入文化活动中。

2. 提高老年人的文化素养还需要关注网络素养的培养

在提高老年人的文化素养过程中，关注网络素养的培养至关重要。以下是几个关于培养老年人网络素养的措施：第一，提供网络基础知识培训。组织专门的培训课程，教授老年人基本的使用电子设备的操作技巧，如如何使用智能手机、平板电脑、电脑等并上网浏览信息，如何处理电子邮件、社交媒体和各类应用程序等。第二，教授网络安全知识。培养老年人建立安全的网络使用习惯，包括如何创建安全密码、识别和避免网络诈骗、保护个人隐私等。教育他们警惕网络陷阱和风险，以及应对网络安全问题的基本技巧。第三，促进网络社交和互动。教育老年人如何使用社交媒体平台和在线社区，与亲友、志同道合的人、其他年龄段的人进行交流和互动。这样可以拓宽其社交圈子，增强社交活动的便捷性和多样性。第四，鼓励参与在线文化活动。引导老年人参与各种在线文化活动，如在线绘画展览、数字图书馆的文学讲座、博物馆的虚拟导览等。这样可以让老年人在家中也能享受丰富的文化体验，进一步提升其文化素养。第五，提供技术支持和帮助。建立服务机构或志愿者团队，专门为老年人提供网络技术支持和咨询服务。这可以帮助老年人解决在网络使用过程中遇到的问题和困惑，提高他们对网络的信心和使用能力。

3. 社区和社会组织应当建立老年人的学习平台和文化交流平台，提供一系列的学习和交流机会

要建立老年人的学习交流平台，提供一系列的学习交流机会，可以考虑以下措施：第一，设立老年人学习中心。在社区或社会机构中设立老年人学习中心，提供各类学习课程和培训活动。这些课程可以包括文化艺术、健康养生、科学技术、金融管理等多个领域，满足老年人的多种学习需求。第二，举办讲座和讲习班。定期举办针对老年人的讲座和讲习班，邀请专家学者或行业人士进行讲解和教学。这些讲座主题可以涵盖文化、历史、艺术、科技等方面的内容，为老年人提供广泛的学习机会。第三，举办文化活动和比赛。组织老年人参与各类文化活动和比赛，如书画展览、文学创作比赛、音乐演出等。这些活动可以激发老年人的创造力和兴趣，促进他们在文化领域的学习和表现。

4. 家庭和社会应该加强对老年人的关怀

为了提高老年人的文化素养，家庭和社会可以通过以下方式加强对老年人的关怀：第一，家庭关怀。家庭是老年人最重要的支持系统，家庭成员应该关注老年人的身心健康和生活需求。保持家庭的温暖和团结，多关注老年人的情感需求，提供陪伴和支持。定期与老年人交流，了解他们的兴趣爱好和文化需求，并为他们提供相应的支持和资源。第二，社会关怀。提供老年人关怀服务的机构和社会组织应当积极开展老年人服务工作。为老年人提供健康咨询、心理支持等服务，增强老年人的满足感、幸福感和社会认同感。通过定期拜访、关爱电话或社交媒体交流等方式，确保老年人得到关心和关注。第三，尊重和重视老年人的经验和智慧。家庭和社会应该尊重老年人的经验和智慧，倾听他们的意见和建议，给予他们参与社会决策的机会。通过赋予老年人在社会中的角色和责任，提高他们的自尊和归属感。

综上所述，提高老年人的文化素养需要多方面的努力。通过日常生活的培养、网络素养的提升、提供学习交流的机会和家庭社会的关心，我们可以帮助老年人增长文化知识、丰富文化内涵、提高文化素养。

第四章　老年文化自组织

第一节　老年文化自组织内涵

社会自组织是介于国家、市场之间，无须外界指令与强制干预，独立存在、自主运作的社会组织形态。学界就其具体外延有分歧，但概括来说主要是自发成立、自主运作，一般没有到政府部门登记注册或备案的非营利性组织①②③，如××工社、××爱心团、××车友会、未登记注册的协会、业委会、调解委员会等草根组织。这些自组织依据不同标准形成不同类别，比如青年自组织、老年自组织、妇女自组织、慈善自组织、文化自组织等。

社会自组织的涌现与社会转型密切相关。随着社会转型的推进，全能型社会解体，社会进入自组织化④，大量的新型社会自组织如青年自组织、老年文化自组织涌现。老年文化自组织是伴随老年人文化需求的兴起而日益发展起来的，成为提升老年人文化生活品质的重要载体。

---

① 董悦，李凌云，唐洁秋．青年自组织研究：以杭州市为例 [J]．中国青年研究，2008（3）：5-12．

② 陆平．我国青年自组织的现状调研 [J]．理论前沿，2008（24）：45-46．

③ 谭建光，张文杰，袁建．经济发达地区的青年自组织：来自广东省珠江三角洲地区的调查研究 [J]．中国青年研究，2008（3）：13-16．

④ 刘伟．国家治理视域下我国社会自组织状况再考察 [J]．学习与实践，2015（4）：74-81．

一、文化自组织的内涵

1. 自组织的内涵

自组织是系统内部从无序到有序的过程。自组织不同于市场和政府，市场依赖交易关系维持秩序，政府则靠行政或者层级命令维持秩序。社会自组织是一个因为内部的需要，基于情感关系、认同性关系、共同志业形成的有序化过程。①

自组织作为一种治理的机制，它关心的主要问题包括：动态上社群网络中成员的互动，这包括成员的关系特征与关系运作，内部动员机制、能人机制、互动中资源与权力的交换和互赖；静态上自组织团体的网络结构、牵涉成员的组成、社会网的结构以及边界等。②

自组织的分析框架总体来说是自组织-他组织的独立框架，不同于国家-市场-社会的分析框架。因此，很多按照国家-市场-社会框架下的组织属于社会组织，但是不属于社会自组织。自组织-他组织框架下，一些市场自发组织也属于自组织，但是社会自组织则是社会领域的，是在社会领域内划分的自组织和他组织。比如说，社会领域的事业单位等属于他组织，而诸多民间自发成立的草根组织是自组织。社会自组织与社会组织的区分在于是否登记注册。社会自组织往往没有注册，在身份上可能是无法律身份的，也可能是备案下的草根组织。从这个意义上来说，社会自组织是对社会领域的一个更为细致的分析路径，它是对国家-市场-社会分析框架的一个补充。这有助于我们更加清晰透彻地理解社会。

2. 文化自组织的内涵

自组织往往是志同道合的特定种类人群组建的。社会自组织的成员是同伴，是有共同语言的人，可能由于相同或近似的年龄、生活经历与

---

① 罗家德，孙瑜，谢朝霞，等. 自组织运作过程中的能人现象 [J]. 中国社会科学，2013 (10)：87.

② 同①：88.

社会地位，或者其他原因使他们走到了一起。① 换言之，他们是在某种类别上相同、相似而聚集的群体。

文化自组织，顾名思义就是以文化为组织目标的自组织。它是自组织的一个类别，由对特定文化主题感兴趣的人聚集而成，自主组建、自主运作的一类组织。如前所述，文化本身是一个抽象的包罗万象的概念，文化的具体内容十分丰富，常见的文化主题有书法、舞蹈、篆刻等。

二、老年文化自组织的内涵

1. 老年文化自组织的内涵

老年文化自组织是文化自组织中面向老年人的组织类别，它以群体为主要识别标准。老年人自发形成的文化自组织如老年人书法协会、老年人棋艺社、老年人广场舞队、老年人篆刻小组等。

目前实践中广受关注的是中老年妇女自发组织的广场舞队。这是典型的社区自组织，它们没有经过正式登记注册，由社区中老年妇女自发组织，自发开展广场舞活动、自发管理场地和设备等。此外，公园中常见的老年太极拳队、扇子舞队等都是老年文化自组织。

2. 老年文化自组织的作用

老年文化自组织的兴起为老年人提供了社会支持，丰富了老年文化生活，提升了老年生活质量。

自组织起源于同伴群体。根据类别的不同，同伴也有多种。如以年龄为标准，有同辈群体；以疾病为标准，有同病群体。由于类别上的一致，同伴内的认同度高，相互支持度也高，他们对服务对象提供的社会支持也更有针对性和价值。20 世纪 40 年代由美国精神病康复者自发组织的志愿小组是同伴支持的雏形，到 20 世纪 70 年代，同伴支持星族流行于各国，并遍及发达国家，成为精神健康服务使用者运动的核心内容。② 国

① 唐斌. 社会工作专业干预下的同伴教育：以上海市 P 镇"女性戒毒沙龙"为例 [J]. 青少年犯罪问题，2008（6）：68.

② 童敏. 社会工作的自助和同伴支持理念的产生和演变：西方精神健康服务模式的发展轨迹 [J]. 华东理工大学学报（社会科学版），2009，24（4）：6.

际上也出现了同伴支持小组互联的趋势，而适应互联网出现的同伴支持小组也逐渐流行。同伴支持主要以同伴支持小组为主，首先出现在医院内。医院内同伴支持小组的作用是多方面的，能够促进病友相互的情感支持，获取信息，学习经验，发展社会关系，以及自我决定能力的养成。同伴支持的一种形式是同伴教育，强调同伴之间分享价值观念、信息、知识、技能的教育形式。这一模式在诸多群体，如老年人、青少年、妇女和特定问题领域如酗酒、吸毒、自杀方面广泛运用，具有其他教育形式不可比拟的优势，可以增进教育的针对性和有效性，能够提升信息传递的可信度和接受度，提高失范行为修正的概率。① 比如低龄老年人帮助高龄老年人，其所体现的即是同伴支持。除了基于某种个性成为群体，还要围绕特定的目标开展集体行动，并逐渐形成自我管理、自我行动的规则，由此才能成为一个社会自组织。

第二节　老年文化自组织的现状

一、老年文化自组织的法律约束

自组织一方面对社会治理发挥着积极作用，另一方面一定程度上占据了党政的传统空间②，我们的第一反应就是控制、别出事，然而却无法形成稳定良好的关系结构。当前，政府对自组织总体上采用分类登记、双重管理方式。在编制、人员任命、财政拨款或经费优惠上进行控制的方式适用于传统社会组织，而社会自组织对政府的依赖性不强，政府对其活动不可预期且难以控制，因此容易采取管控的措施。③ 政府部门和群团组织想要对自组织的活动和行为实施必要的干预和影响，却发现找不

---

① 唐斌. 社会工作专业干预下的同伴教育：以上海市 P 镇 "女性戒毒沙龙" 为例 [J]. 青少年犯罪问题，2008（6）：68.

② 胡献忠. 社会 "自组织" 现象与党的青年群众工作 [J]. 中国青年研究，2013（9）：6-13.

③ 刘伟. 国家治理视域下我国社会自组织状况再考察 [J]. 学习与实践，2015（4）：74-81.

到门路、无从下手，甚至都无法通过有效的渠道了解和掌握自组织的一些基本情况，形成管理上的混乱。① 在现有的法律框架内，社会自组织还处于司法真空状态，无论是纳入行政主体还是行政相对人，都属于"他治"领域。② 如何对它们进行管理成为当前棘手的问题。

老年文化自组织的兴起也同样带来这种担忧。由于它的自组织性，政府传统的监管方式无法全部覆盖，有可能带来政治风险。实践中，不乏一些非法组织打着文化服务的旗号组织老年人开展活动，损害国家和地方利益。对待包括老年文化自组织在内的自组织，国内存在三种争论：谨慎小心地严控和防范；国家与社会的进一步分离；围绕治理的互助合作。③④ 地方上，如上海进行了管理创新探索，放宽准入、强化事前事中事后综合监管、完善配套制度、建立重大事项报告制度等。⑤

由于没有登记注册或者备案的社会组织缺乏合法的身份，如何对待它们则有着不同的态度。从理论上说，争议在于是依据"法无禁止即可为"，还是法"无明文规定即禁止"。由此，社会自组织面临三种可能的走向。第一种可能是非法即违法，应取缔。第二种可能是非法可能合法也可能违法，应根据活动性质区分，或者引导登记注册或者取缔或者劝散。第三种可能是非法即法律没有禁止的，即是自由，可以自由活动。从我国的实践来看，主要是以是否登记注册来判断是否为非法社会组织。2018 年 3 月 18 日，公安部、民政部共同展开"打击整治非法社会组织专项行动"，各省市广泛动员开展工作。在现实生活中，一些组织假借社会组织名义骗钱敛财、损害国家声誉、危害社会安全，非法使用"中国""中华"等名称，这些都需要进行集中打击。2018 年 2 月 9 日，北京市民政局下发了《关于依法严厉打击非法社会组织活动的通告》，广东省民政

---

① 杨东波. 山东青年自组织发展研究 [D]. 济南：山东大学，2012.

② 江必新，邵长茂. 社会自组织管理的司法应对 [J]. 行政法学研究，2010 (4)：3-12.

③ 王义，许姗姗，郭开怡. 流动人口自组织问题及政府管理对策探究 [J]. 甘肃社会科学，2003 (6)：91-95.

④ 朱鸿庆. 社会治安管理视野下的社会自组织研究 [D]. 上海：华东政法大学，2011.

⑤ 王劲颖. 以改革思维全面深化社会组织管理制度改革 [J]. 长沙民政职业技术学院学报，2014，21 (3)：2-5.

厅发布了《取缔非法社会组织工作指引》等。广西壮族自治区社会组织管理局 2018 年 7 月 9 日的公告指出，"有 12 个组织未经登记擅自以社会组织名义开展活动，涉嫌为非法社会组织"，① 由此，向社会征集取缔这些非法社会组织的证据，其他省也都有类似的公告。

此次专项行动对非法社会组织的界定是未经登记或者取缔之后以社会组织名义活动的，以及筹备的社会团体开展筹备以外活动的。其中关于社会团体的规定已经突破了 2000 年民政部发布的《取缔非法民间组织暂行办法》，限制于筹备活动。但是这些文件中提出了查询组织合法登记的渠道，其导向是以是否登记注册为标准。实际上由于我国现在登记注册程序烦琐、即使近年来门槛有所降低但大量的民间组织仍然无法成功注册。如果因此判定这些组织是非法社会组织，无疑是在"制造非法"，压制社会组织的发展。这对于社会治理、社会发展极为不利。实际上，很多优秀的老年社会组织都是从自组织发展而来的。

二、老年文化自组织活动场地

我国法律鼓励为老年文化组织提供活动场所，但是对于老年文化自组织并没有支持措施。大部分的老年文化自组织开展活动使用免费的公共场所，但有限的场地引发了分配的冲突。

以广场舞为例。广场舞扰民的新闻频发，许多地方出台文件，从广场舞的场地、时间、音量规范广场舞活动。

2017 年 6 月 1 日，河南省洛阳市王城公园，跳广场舞的老年人和打篮球的年轻人发生语言和肢体冲突。原因是篮球场和广场舞场地的纷争。

2017 年吉林市某超市门前，一位扭秧歌的老年人被打倒在地，头部流血。原来是两伙秧歌队为了争夺活动场地而发生冲突，导致双方情绪激动，大打出手。

2017 年，重庆市某广场的两拨跳广场舞的老年人因为音响音量发生

① 广西壮族自治区民政厅. 广西公布"广西韩国商会"等 12 家涉嫌非法社会组织名单 [EB/OL]（2018 - 07 - 13）[2018 - 07 - 02]. https：//www. thepaper. cn/newsDetail_ forward_ 2262837

争吵，并报警。原因是后来跳舞的一拨老年人因为跳舞时音量过大，影响另外一拨跳舞，双方发生冲突。

实际上，早在 2015 年文化部、体育总局、民政部、住房和城乡建设部发布的《关于引导广场舞活动健康开展的通知》，就提出了相应的措施。这一通知里面提出了现在广场舞活动的主要问题包括活动场地不足、缺乏管理主体、组织化程度不高等。为此，该通知提出要划片、结对进行专业指导。通过登记备案、建立广场舞协会社团，进行组织化管理，纳入基层治理体系。

三、老年文化自组织服务活动

实践中，不少老年文化自组织的产生主要是复制衍生。换言之，大量的草根性老年文化自组织是复制国外社会组织、国内沿海或发达地区的社会组织而产生。这些草根组织在创建之初，充满了随意性，也主要是模仿，缺乏专业的学习。而真正开创性的老年文化自组织并不多。这就为可能的伤害带来了潜在风险。更有甚者，借鉴不良或者恶性老年文化自组织而创建，其目的是谋私利，可能伤害公共利益。

在《关于引导广场舞活动健康开展的通知》中，文化部等部门也指出当前广场舞舞蹈不专业不利于身心健康的问题，提出要通过划片指导、社团联合的方式提升广场舞的专业性。这种服务活动的专业性干预在社会自组织创立初始的介入更为必要，如果任由其发展，其有可能通过试错来获得经验，我们并不一定能够承受这些试错带来的伤害。

第三节　老年文化自组织问题的分析

一、自组织理论

自组织理论首先产生于自然科学，而后迁移到社会科学领域。自然科学领域该理论首先来自诺贝尔奖获得者、比利时的物理学家普利高津提出的耗散结构理论，随后经历了哈肯的协同学、托姆的突变论、艾根等人的超循环论等的丰富和演变。① 后续还有其他相关的理论作出解释。如社会资本理论指出，自愿性互动社群能够为合作提供关键机制、提供培养信任的框架。这种社群内的长期互动会带来普遍性互惠惯例，以往的成功经验会为未来合作提供文化模板。奥斯特罗姆的自组织治理理论指出，自组织是一个与政府、市场治理相并列的第三种治理机制，其核心是信任关系。信任、声誉、互惠源于人际网络，在相对封闭的自组织中，以自组织成员的动员为起点，形成网络关系，而特定的规则、规范和制度维持和监督组织的运作②，这些规则如宪法规则、选择规则、操作规则。

总体来说，自组织理论要回答的基本问题是复杂的自组织系统，如生命系统、社会系统的形成机制问题。具体来说，即在一定条件下，系统如何自动地从无序走向有序，从低级有序走向高级有序。一般会讨论自组织演化的条件、自组织演化的动力、自组织演化的过程。自组织的形成与进化需要四个条件：必须是一个开放的系统，应当远离平衡态，各要素间存在着非线性作用，通过涨落导致有序。③ 社会自组织理论的基本观点可以概括为：其一，社会结构是一个由多元的子系统构成的，每个子系统都是自我调节、自我组织的运行，这些子系统的自主发展以及之间的能量交换推动了社会结构从无序到有序、从低级到高级的发展；其二，自组织的发展不是线性的，而是多元的、多中心的，因此制度与规则都需要适应这种情形。

自组织的产生有一定的规律。根据清华大学罗家德教授的观点④，社会自组织的产生首先是一群人聚集在一起，接着产生紧密的联系，形成群体内部与外部的区别，进而产生群体身份认同。之后，群体围绕目标

① 吴彤. 自组织方法论论纲 [J]. 系统辩证学学报, 2001, 9 (2): 4-10.
② OSTROM E. building trust to solve commons dilemmas: taking small steps to test an evolving theory of collective action Ganes, Groups and the Global Good [M]. New York: Springer, 2009.
③ 杜云波. 从社会系统看自组织 [J]. 江汉论坛, 1988 (8): 13-18.
④ 罗家德, 贾本土. "自组织"的运行之道 [J]. 中国人力资源开发, 2014 (10): 94-99.

进行集体行动、自我确定规则自我管理。可见，成为社会自组织的关键点是要有集体行动，而聚集在一起没有集体行动的人群不能称为社会自组织。社会自组织可以依据不同的原因聚集，如先天血缘、宗族关系、地缘关系等，也可以是后天的志同道合甚至创造条件形成的认同。我们可以总结出，老年文化自组织的特性包括自发成立、自我管理、自我确定规则、集体行动。

二、结构二重性理论

结构二重性是吉登斯克服主体主义与客体主义二元论的成果，他大量地借鉴了社会互动与场景理论。[①] 结构的基本意思是规则和资源。结构是一种虚拟秩序，它由脱离了特定时空的各种关系组成，因此，人类社会不是实体性的结构，而是具有结构性质的一种虚拟而已；[②] 结构的存在必须通过实践展现出来。结构和行动并非分离的，而是在人的实践活动上相互渗透、相互统一的。行动具有多重特点，其一就是社会性，具有规范和沟通的一面。在吉登斯的结构二重性理论中，行动与结构作为人的实践活动的两个侧面，它们并非对立而是统一。在老年文化自组织的实践中，行动者"具有其能动性同时也受到客观存在场景的制约"。[③] 老年文化自组织一方面主动建构、改变其与政府的关系，另一方面，社会结构因素既为行动者提供了行动条件，也限制了他们活动的空间。老年文化自组织与政府关系的实践中的惯习正是宏观与微观、历史与现在等共同交织所寄居在它们身体上的结果。[④]

自组织作为社会治理结构的重要一环，发挥着重要的作用。随着我国提出"党委领导、政府负责、社会协同、公众参与、法治保障"的社会治理体制，社会自组织作为社会协同、公众参与的重要力量，在社会

① 安东尼·吉登斯. 社会的构成：结构化理论大纲 [M]. 上海：三联书店，1998.
② 同②.
③ 同②.
④ 布迪厄，华康德. 实践与反思：反思社会学导引 [M]. 李猛，李康，译. 北京：中央编译出版社，2004.

服务、慈善救助、扶危济贫、环境保护等方方面面发挥着越来越重要的作用。尤其是 2008 年汶川地震，广泛的自组织参与救灾以及灾后重建，动员了社会力量，发挥了重要的社会建设作用。这些在相关的政策文件、法律法规中越发得到强调。

然而，社会自组织也有其裂变力。即在不断的群体聚集中走向极端，形成派系、社会反对力量、黑社会组织等，从而背离治理结构中的功能，危害社会的发展。之所以会产生这些危害，与自组织的自发性、隐秘性、群体性等特点有密切关联。自组织的行动逻辑是关系逻辑，基于合作可以自我选择身份，自下而上地形成某种社会力量。如果这种力量的目标导向有问题，则可以对自上而下的层级制、市场机制产生破坏。东欧剧变、苏联解体以及拉美政治运动中政治性自组织的作用尤为突出。黑社会组织也是社会自组织，危害社会公共安全。由于目前缺乏对社会自组织法律身份的界定，因此，社会自组织的违法行为以个体违法论处。这涉及治安管理法律法规、刑法、民事法律法规等。

中国社会科学院大学与社会科学文献出版社共同发布的《社会组织蓝皮书：中国社会组织报告（2023）》显示，截至 2022 年底，我国共有 89.13 万个社会组织。[①] 有人指出，我国未注册的草根组织 300 万个。[②] 当前法律政策文件采取打压、取缔、劝散或者引导注册的态度，总体的思路是政治性管理。现实的实际做法是，不少地方登记管理部门由于人员、资金以及精力有限，应该执法而没有执法。因此，在日常的管理中只能任其发展，不提倡也不反对。换言之，现实是管不了。但是又不能不管，所以在国家层面集中部署的专项打击行动中会通过运动式治理方式进行处理。运动式打压是对现实人力物力困境的一种集中回应，但缺乏持续性。运动过后又恢复过往。国家总体政治环境的变化会产生影响。国家层面的政策把控往往又考虑到国内外整体环境。当外在国际发展环

---

① 民政部：我国目前有近 90 万家社会组织，从业人员已超 1100 万人，https：//baijiahao. baidu. com/s？ id＝1776832681738868738&wfr＝spider&for＝pc.

② 高红，张志勤. 备案制与我国基层社会组织发展创新［J］. 中共青岛市委党校. 青岛行政学院学报，2012（5）：50.

境并不理想时，国内社会自组织空间的收紧也是服务于国家整体的战略安排。

可见，自组织的问题是在社会结构和社会自组织行动的互动关系中确定的，并非单纯自组织本身的问题，也并非社会变迁的问题。

三、一个整合的分析

上述传统理论为分析社会自组织治理现状奠定了理论基础，但仍不充分。这里，我们基于"制度-生活"的分析视角，指出目前社会自组织问题的症结在于制度与自组织生活互动不足。

（一）"制度-生活"的分析视角

"国家-社会"二分法是分析中国社会诸多现象的常见框架，但是由于转型时期中国社会的复杂性，这一视角的解释力并不充分。溯及本源来说，国家与社会的分析框架是实体论的思维，其假设国家、社会是封闭的实体，在二者互动关系变动中产生了各种现象。然而，国家、社会本身是多元、复杂的，内部的冲突与作用机制并没有充分体现出来。①

关系主义是20世纪以来逐渐兴起的对实体论反思的一种新哲学，既是西方社会理论发展的前沿，也有着深刻的中国文化根基。② 其核心在于反对实体论所设定的封闭的实体概念，主张关系思维的交互式行动观（trans-action），拒绝将独立的、先在的单元（个体或社会）作为社会学研究的终极起点。③ 关系主义下，事物的意义、重要性和身份都来源于交互中扮演的功能角色，而交互关系本身是动态的、开放的。包括老年文化自组织在内的社会自组织作为尚未正式注册成立的组织，实体论思维的适用性更值得怀疑。

在关系主义下，肖瑛提出"制度-生活"来替代"国家-社会"。肖

① 肖瑛. 从"国家与社会"到"制度与生活"：中国社会变迁研究的视角转换 [J]. 中国社会科学, 2014 (9)：91.

② 杨超，何雪松. 社会工作的关系视角 [J]. 学海, 2017 (4)：134-135.

③ EMIRBAYER M. A Manifesto for a relational sociology [J]. American journal of sociology, 1997 (2).

瑛认为，制度指的是正式制度，是以国家名义制定的作为各级部门和代理人的行为依据；生活指的是社会人的日常生活，包括卷入日常生活的利益、权力、权利及其相关的策略和技术，也包括民情、惯例。① "制度-生活"的视角要求对制度和生活作出分析，并对二者的互动进行研究。无疑，肖瑛的这一新视角是从更为一般意义上建构的分析框架，对于社会自组织具有一定的适用性，但是社会自组织的"日常生活"尚未得到充分体现。"生活"是社会人的日常活动领域，可以进一步区分为两类。一类是随意性强的生活，往往是私人领域、个体领域的，公共性最弱。另外一类是具有一定的随意性，但遵守民情、惯例。这种民情、惯例是自发形成、自我管理、自我监督维系的，并且在适用范围上各有大小，但超越个体性、私人性。自组织理论中的社会资本理论指出，自愿性互动社群能够为合作提供关键机制、培养信任的框架。这种社群内长期互动会带来普遍性的互惠惯例，以往的成功经验会为未来合作提供文化模板。这一具有公共性的生活领域可以称之为一个自组织的领域。由此，肖瑛提出的"制度-生活"分析视角可以适用于自组织管理领域，但同时需要进一步分析社会自组织的特性。

"制度-生活"视角下，制度与生活的互动关系是社会自组织管理的中心问题。社会自组织既有追求合法化的需要，但又不尽然，大部分社会自组织的状态是自组织的逻辑。社会自组织的成立具有随意性，其惯习既表现出一定的个性，也表现出对于社会自组织所在场域内惯例、习俗的遵从。这些习俗或者弹性的规则有的被吸收进制度范畴，并通过制度代理人正式执行；也有的停留在制度之外。制度也可能忽视或者压制社会自组织行动的惯习，从而创造缺乏适应自组织生活基础的制度规则。在制度与生活的互动中，二者的良好关系既需要制度系统、生活系统内在的协调，又需要两个系统的有序衔接。

---

① 肖瑛. 从"国家与社会"到"制度与生活"：中国社会变迁研究的视角转换 [J] . 中国社会科学，2014（9）：88.

(二)"制度-生活"视角下自组织问题的症结分析

首先来看制度供给。中国社会转型加速,社会改革全方位开展。这个改革的路径是自上而下推动的,由中央首先进行宏观政策的设计,确定改革的精神、原则和路径。由于中国国情的复杂以及各地的不平衡发展,中央层面尚无法设定完全具体、可以操作的制度安排,而留给各地探索空间,这表现为制度上的宏观鼓励。

具体来说,2016 年 8 月中共中央办公厅、国务院办公厅印发《关于改革社会组织管理制度促进社会组织健康有序发展的意见》,专门提到社区自组织的培育、监管。基本理念是既要引导发展又要严格依法管理;在实施原则上强调推进政社分开、培育社会组织、激发社会组织活力、分类管理等。此外,部门规章的政策也涉及社会自组织。2005 年民政部下发《关于促进慈善类民间组织发展的通知》,明确提出对于慈善类民间组织不符合法人登记条件的可以由登记机关进行备案。2014 年中国残疾人联合会与民政部共同下发《关于促进助残社会组织发展的指导意见》,指出要积极培育助残社会组织,支持其优先入驻社会组织孵化中心。2015 年《民政部关于支持引导社会力量参与救灾工作的指导意见》中对包括社会自组织在内的社会力量参与救灾给予肯定,要求社会力量加强与政府的联系。2016 年《中华全国总工会关于推进工会联系引导劳动关系领域社会组织工作的意见》中将工会定位于联系和引导相关社会组织、社会自组织的枢纽组织,明确提出对草根组织要采取积极引导规范的政策。毋庸置疑,这些展现了政策的激励态度,是对传统严格限制社会自组织发展理念的突破。

然而,由于更高法律位阶的《社会团体登记管理条例》《民办非企业单位登记管理暂行条例》并未作出相应的修改,针对社会自组织的相关鼓励性发展政策的实质意义有限。这反映在制度内部,存在着政策与法律法规的矛盾关系,形成了制度张力。这种制度张力还体现在缺乏与其他相关制度的有效衔接。《关于实行党政领导干部问责的暂行规定》、《国务院关于特大安全事故行政责任追究的规定》、《中华人民共和国安全生产法》（2002年修订）等都设置了系列的政治责任的问题，在一定程度上表明了发展社会自组织的法律风险。

再从自组织生活角度来看。整体来说，社会自组织相关的法律法规并为作出适时全面的修订，而新的制度框架停留在政策理念的鼓励，实际的制度框架在探索中还未形成。因此，现实中对待社会自组织的管理逻辑是模糊的，在遭遇地方场域的现实后很容易滑落到地方利益的行动逻辑中。这种地方利益出于责任担忧则选择压制社会自组织成长为正式的社会组织，因而形成了大量的在政策外徘徊的社会自组织，形成了压制式管理与空白管理。部分社会自组织为了回避这种约束，通过各种方式跨越制度障碍。一方面可以通过制度内的张力、制度代理人的关系实现个案的调整；另一方面也可以通过生活中的人情关系来推进制度内难题的化解。在一定时期的积累后，国家层面再通过集中的运动式管理进行快速处理，消除大量政策外社会自组织的风险。此外，地方利益下地方政府也有发展社会组织的诉求，但为了政绩采用求成式管理，缺乏耐心培育，而期求社会自组织快速成长为成熟的社会组织。

由此，政府对于社会自组织的态度表现为既要求稳定，也要求发展。然而，这种稳定和发展的平衡尚未充分体现在自组织本身。自组织理论的启发在于阐明了社会自组织的自组织力和裂变力。发挥老年文化自组织的功能需要保护和激发自组织力，而对其的管理主要是限制裂变力。概括来说，在制度与自组织的互动中，出现了内在张力，对于自组织的自组织力和裂变力缺乏充分的协调和平衡。

第四节　老年文化自组织的发展

一、备案制度

总体上，我国社会组织发展的制度环境是宏观激励、微观约束。① 宏

---

① 俞可平. 中国公民社会：概念、分类与制度环境 [J]. 中国社会科学, 2006 (1)：109.

观上表现为国家整体政策的转变，但微观的具体实施还没有落实，大量的社会自组织依然还需要进行双重登记。由于滞后的登记管理制度改革，大量社会自组织无法登记，阻碍了民间社会的发育。各地则尝试通过备案制度进行突破。

地方上，山东省青岛市最早在全国探索备案制度。2002 年青岛市委、市政府下发了《关于加强社区民间组织培育与管理的意见》开始允许达不到登记标准的松散草根组织进行备案。这里的业务主管机关主体为街道办事处或者乡镇，而社区居委会将是工作的基础。但这主要是针对社区社会组织。2006 年山东省济南市也出台类似的政策，也是针对社区社会组织。济南市的做法是要求社区层面负责调查论证，街道办事处担任业务主管机关，而县级民政局作为核准备案机关。其他地方也做了探索，基本上都是自下而上地逐级备案，备案核准的机关是县级民政局。另外一种模式是 2006 年江苏省南京市发布的《南京市基层民间组织备案管理暂行办法》。该《办法》最大的特点是两级备案制度，县级民政局可以授权社区居委会或者其他组织担任相应组织的业务主管机关，而在街道办事处进行备案。这更为简化，也有利于社会自组织更为有效地备案。

这些城市级别的探索经验已经在更高的管辖层面实施。如 2012 年中共广东省委、广东省人民政府下发的《关于进一步培育发展和规范管理社会组织的方案》指出，对于乡镇基层民间组织，达不到登记条件的可以到乡镇或者街道办事处直接进行非法人登记；以村或者社区为活动范围的则进行备案。国家层面，2005 年民政部《关于促进慈善类民间组织发展的通知》肯定了社区社会组织的备案制度。2016 年 8 月《关于改革社会组织管理制度促进社会组织健康有序发展的意见》针对达不到登记标准的城乡社区自组织可以根据业务范围、服务对象和成员差异，由街道办事处或者乡镇政府进行指导。这也就实际给予了特殊的备案制度政策空间。然而，在国家级别的法律层面明确社会自组织的备案制度还没有出现。

目前备案制度的主要问题还很多，整体处于探索阶段，还没有成为规范的制度在各地实施。许多地方依然采用传统的双重管理机制，备案制度作为一种探索，对于民间草根组织的吸引力仍有限。即使实施后，备案的老年文化自组织的法律身份问题还没有明确。这首先要回到备案本身的意义上来。笔者主张区分登记式备案和监管式备案。这种区分是表明备案的法律效力问题，前者的备案与登记注册的法律效力一致，都可以认定为具有民事主体资格，属于民法上所谓的"非法人组织"，但是相对于登记注册的程序简单。后者是监管式备案，具有合法的存在性，不具有民事主体的资格，只是方便进行监督管理。一旦出现违法行为，则以个体的行为来处理监管式备案的社会自组织。

本书主张的弹性的备案制度在程序上与南京市的两级备案制度一致，但登记式备案需要由正式权力机关进行备案。而监管式备案更大范围内可以通过支持性社会组织来进行备案。在民间组织的生态内，草根组织、一线社会组织、支持性社会组织构成了基本的生态链。支持性社会组织对于各类民间组织都有吸引力，也在民间组织的圈子内作为信息和资源的枢纽，容易获得各类草根组织的活动信息。因此，借助支持性组织进行备案是有条件实现的。草根组织的备案与登记注册的目的并不一样，是为了松散的监管和必要的支持。由于没有登记注册，备案的草根组织无法获得相应的正式支持，但这并没有问题，关键点是能够回应监管与必要支持的问题。支持性组织既包括传统工青妇等群团组织，具有半官方性质；也可以是一直倡导建立的乡镇、街道层面的社会组织服务中心；也可以是成熟的民间支持性组织。

二、以枢纽型组织为中心

街道社会组织服务中心是上海浦东新区建立的一种枢纽型社会组织。这类组织遍布各个街道社区，属于上海街镇层面的枢纽型社会组织。其定位是信息中心、服务中心、政府购买服务受理中心、评估中心等。因此，一个社会组织通过街道的社会组织服务中心与各个街道的政府以及各个小区的居委会进行沟通。总体上，这种社会组织服务中心是半政府半社会的，其负责人多是在街道或者居委会工作过，对于街镇领导和居委会书记都熟悉，也有着较强的信任。因此，这种承上启下的联结作用是有效的。枢纽型社会组织是社会工作机构与政府网络建立关系的媒介。总体上看，工青妇等群众团体的改革逐渐走向枢纽型社会组织。枢纽型社会组织概念在北京市首先提出，在上海也有实践的雏形。根据北京市的定位，市妇联、团市委、市总工会等都属于枢纽型社会组织，目标在于对多个单一组织发挥支持性管理与服务，扮演政府与社会组织沟通的中介与桥梁，成为政府管理的抓手、社会资源整合的中心。[1] 上海市区层级的工青妇等群众团体也实际扮演枢纽型社会组织角色。虽然目前枢纽型社会组织还存在多重困境，其与政府的边界问题、内部认同问题、能力建设问题突出[2]，整体尚处于探索阶段，但这为社会工作机构与政府场域多个部门搭建了沟通的桥梁，提供了建立关系的可能路径。

目前的枢纽型社会组织主要是针对正式注册的社会组织，实际上可以扩展到包括老年文化自组织在内的社会自组织。在 2016 年中华全国总工会发布的《关于推进工会联系引导劳动关系领域社会组织工作的意见》中提出了通过工会来联系民间草根组织的措施。这同样适用于共青团、妇联等枢纽组织。除了传统的群团组织转型，建立街道或者乡镇层面的社会自组织服务中心也是可选择的路径。但在实际操作中，主要的难点在于经费、人员、能力的问题。

在某种意义上来说，这属于社会发展阶段的问题。就当下来说，通过传统枢纽型组织的转型是可取之路。而通过集中有限的经费重点扶持典型性的民间枢纽组织，再通过它们的成长辐射带动其他枢纽型组织的发展，这种以点带面的做法是适合目前阶段的措施。

三、完善支持性制度框架

对于老年文化自组织，可以通过登记式备案制度和监管式备案制度

---

[1] 彭善民. 枢纽型社会组织建设与社会自主管理创新［J］. 江苏行政学院学报，2012（1）：64-67.

[2] 同[1].

进行分流，使部分老年文化自组织蜕变为社会组织，壮大社会力量。这其中的蜕变需要在法律层面建立支持性框架，回应老年文化自组织在活动场所、设施、资源、服务等方面的需求。

要建立支持性框架，则意味着反对急功近利的理念，能够搭建老年文化自组织成长的空间。对于老年文化自组织的创新也有必要的容错空间。这需要法律在社会公益理念、服务理念上进行倡导，也需要法律协调不同的部门开放公共资源，在税收措施和补贴措施上激励企业支持老年文化自组织的发展。同时，法律可以鼓励各地设立老年文化自组织发展基金，对于老年文化自组织中的可能风险通过基金会承担。在人才上，要鼓励社会工作者以专业的知识推进老年文化自组织的发展。在自组织内部整合方面，社会工作者可以通过个案工作、小组工作、资源整合等方式提升内部共同体意识。在对外联结方面，社会工作者通过自身的关系网络链接资源，进行能力建设，实现资本交换与回报。

自组织是没有登记注册或者备案而自发组织、自主发展、自主运作的组织。自组织建设与同伴支持有相似之处，但是自组织更具有组织性。换言之，自组织在组织内部的整合性和外部的联结上有优势，能够从支持网络迈向社会资本。之所以重视自组织，将自组织作为社会资本建设的重要内容，是有理由的。社会资本的重要形式之一是多功能组织和有意创建的社会组织，它能够成为组织成员重要的社会资本。① 学者对弱势群体自组织的研究证明，自组织是弱势群体社会资本建设的重要途径。如葛道顺对辽宁省大连市低保群体服务社的研究表明，"高整合-高链接"的自组织是弱势群体人力资本和社会资本积累的基本途径，其原因在于这种自组织能够促进组织成员内部互动与交换，并且能够推动其与外部成员进行异质性交换。②③

---

① 詹姆斯·S.科尔曼. 社会理论的基础 [M]. 邓方，译. 北京：社会科学文献出版社 1999.

② 葛道顺. 镶嵌、自主与弱势群体的社会资本重建 [J]. 社会政策评论，2007 (1)：242-254.

③ 孙璐. 论城市弱势群体社会资本的提升：从社区支持的角度 [J]. 湖北社会科学，2007 (4)：40-42.

社会工作对帮助案主链接、创建、发展自组织方面有着专业优势。社会工作者在自组织中扮演多种角色，主要作用是通过倡导或者参与创办推动自组织成立；作为代理人帮助链接、整合资源；作为咨询者，提供专业咨询，以专业活动设计与执行提高自组织的专业性。① 葛道顺以武考克提出的镶嵌和自主两个维度划分了四类自组织。② 其中三类不理想的组织类型分别是"低整合-低链接"，表现为敷衍主义；"高整合-低链接"，这表现为管制主义，突出表现为政府的管制过多；"低整合-高链接"，是一种市场主义，有市场则有组织活动，无市场则无组织活动。这三种代表了当前自组织主要的问题。③ 本书在前述提到了同伴支持更多属于这三种类型，只能提供可能的支持，而不能实现案主的社会资本增值。推动自组织发展的方向是走向"高整合-高链接"的自组织类型。"高整合-高链接"的自组织内外关系紧密，在内部，形成共同的文化和生活空间，高度整合；在外部，自组织可以链接几乎所有的利益相关者，利用相关制度，提供成员相应的资源机会。④ 这展现了一种发展范式，这一理想类型的出现，首先是组织化以增权，还需要良好的制度和政治包容。

老年文化自组织可以分为社区内老年文化自组织、网络老年文化自组织、跨社区老年文化自组织。网络老年文化自组织的线上活动并不存在活动场所问题，而线下活动则会进入社区内老年文化自组织、跨社区老年文化自组织的范畴。建立以社区服务中心为平台的社会组织服务中心，将社区内场地、设施等资源进行信息汇聚与共享，对老年文化自组织开放。对于资金也可以通过特定的条件给予支持。这将吸引老年文化自组织参与这一平台，从而发挥监督作用。这一平台将整合可能的社会需求，建立需求发现机制，将面向各个群体、各个领域的社会自组织整合在一起，推荐参与需求满足与服务。同时提供必要的资金、场地、设

① 朱眉华，文军．社会工作实务手册［M］．北京：社会科学文献出版社，2006.
② 同①：4.
③ 钱宁，田金娜．农村社区建设中的自组织与社会工作的介入［J］．山东社会科学，2011（10）：29.
④ 同①：6.

施的支持，并发挥监督作用。在这一平台的建设中，发挥社会工作的专业作用是关键。目前大多数社区已经建立了较好的硬件设施，但是软性的服务需求发现、老年文化自组织整合、能力建设与监督平台还没有建立。这正是专业的社会工作者发挥作用的空间。

四、老年文化自组织自治

从老年文化自组织的发展规律和特点来看，老年文化自组织就如同草芥，确实是充满随意性的，大量的老年文化自组织由于人员的变动、活动专业性不足、能力不足等问题而短暂存在。对这些老年文化自组织的管理实际上无法投入过多的监管成本，而应转向依赖老年文化自组织自律。

政治约束机制。首先，党管干部的机制推进政府、群团组织整合。[①] 其次，政党作为联结国家与社会的桥梁，通过党员的组织网络联结了政府、社会组织与社会大众。最后，国家、社会之间的互动机制也促进了这种网络的关联。对于老年文化自组织，由于尚缺乏正式组织的组织化程度，所谓的社会组织党建工作也并不容易实现。此时，更多需要依赖党员个人来嵌入老年文化自组织中，发挥约束的作用。当然，这种约束只是涉及政治原则的监督，在老年文化自组织正常的自我运行状态下应不予干涉。

民间法的约束。这涉及社会自组织圈子或者生态氛围构建的问题。民间法是国家正式法律之外的约定俗成的惯例、风俗。在社会自组织领域也同样存在着这些民间法，比如对服务对象的非伤害原则。这些民间法可以经过圈子内的倡导形成一种自觉接受的文化氛围，甚至成为组织生存的前提。在法律层面，要尊重这种不违法的民间法；在实践上要宣传、鼓励这些民间法成为一种文化氛围。再者，以私人监控与惩罚推进社会自组织的自律。老年文化自组织注重的是信任关系，因此良好的声

---

① 权衡. 共容性组织与激励性增长：超越"政府—市场"的分析逻辑：政党功能的经济学思考 [J]. 学术月刊, 2011 (6)：71.

誉和名声是老年文化自组织生存的基础。老年文化自组织信息的公开制度、内部举报、社会投诉机制将有助于推进自律制度的建立。

能人的自我约束与示范。能人是老年文化自组织成败的重要因素。本土语境下的老年文化自组织有着独特的内容。罗家德等人对本土自组织的能人现象研究了自组织的运作，发现"不同于西方的正式规则作用，中国的自组织过程是在社会关系特质下进行的，中国能人往往是一个既定社会网的中心人物，具有较强的政治精英色彩。在本土案例中，正式规则不足且均分法则经常取代公平法则：能人通常遵守人情与均分的平衡，一旦平衡打破，对能人的信任就会遭到破坏。但与西方的自组织过程一样，能人需要负担初期成本投入，后期可获得声誉回报"。[①] 通过法律制度的设计，对老年文化自组织的核心人物或者能人进行引导是推动老年文化自组织自律的关键。

① 罗家德，孙瑜，谢朝霞，等．自组织运作过程中的能人现象 [J]．中国社会科学，2013 (10)：86.

第五章　老年文化项目

第一节　老年文化项目概述

一、老年文化项目的定义

所谓项目，是指为达到特定的目标而进行的一次性努力，为创造独特的产品、服务或成果而进行的临时性工作。项目在某些方面与常规工作相似，不同之处在于，常规工作是进行重复性工作，而项目是临时性和独特性的工作。项目可以在组织的任何层面上开展。一个项目可能只涉及一个人，也可能涉及一组人；可能只涉及一个组织单元，也可能涉及多个组织的多个单元，如奥运会、世博会是大型综合性的项目。

老年文化的范畴广泛。凡适合老年人参加的知识型、娱乐型的文化活动；凡以老年人为主要角色，反映他们生活的各种形式的文化产品；凡以社会、家庭为提高老年人的生命生活质量所作出的一切努力，均属于老年文化。因此，老年文化也属于社会意识形态范畴，是一定社会的政治、经济的反映。

老年文化项目是指针对老年人群体开展的文化活动或项目。随着人口老龄化的加剧，老年人群体的需求和参与度不断增加，老年文化项目应运而生。这些项目旨在通过提供各种形式的文化活动，满足老年人的精神文化需求，促进老年人的身心健康和社会融入。老年文化项目可以包括但不限于：老年人艺术团体，包括合唱团、舞蹈队、戏剧表演等；

老年人文艺晚会，组织老年人展示才艺；老年人书画班，提供绘画、书法、篆刻等课程；老年人文化交流活动，组织老年人参观博物馆、图书馆、艺术展览等；老年人文化健身活动，如太极拳、舞蹈健身等。通过这些项目的开展，可以提升老年人的生活质量，促进老年人的社会参与度，推动老年文化事业的发展。总之，所谓老年文化项目，可以定义为在一定时期内为了提高老年人的生活质量开发与生产的系列文化活动与文化产品。

二、老年文化项目的特点

老年文化项目是指以优秀传统文化、非物质文化遗产、地方特色资源等具有鲜明独特性的资源为核心要素，确定特色定位，以老年办学机构为主体的多部门协同开展各类相关特色资源整合建设，形成独具特色的老年文化产品和服务。因此，老年文化项目有以下几个特点。

1. 独特性

老年文化项目的独特性体现在以"传统文化、非物质文化遗产、地方特色资源"为核心要素，深入挖掘和运用区域优质特色资源。首先，老年文化项目有效推动老年文化特色化发展。我国地大物博，幅员辽阔，各地特色资源丰富多样；五千多年来的优秀传统文化更是博大精深，各类非物质文化遗产亦是弥足珍贵、精彩纷呈，各类丰富的资源为老年文化特色项目建设提供了重要的现实基础。深入挖掘和应用传统文化特色资源，全面实施老年文化特色项目建设，将有效促进各地区老年文化特色化、多样化发展，最终形成特色鲜明的中国老年文化。其次，老年文化项目有效促进优秀传统文化的传承与发展。将优质特色文化元素融入老年教育，通过多元化的教育服务，如课堂教学、体验学习、社会活动、志愿服务等多种形式的深入学习，促进地域特色传统文化和特色资源与老年人的学习和生活有机结合。一方面，老年人通过学习，将有效发挥其对传统文化传承与弘扬的作用。另一方面，老年人通过积极的参与，例如老年人参与各种形式的社会服务、代际交流、隔代教育、家庭照料等，将广泛传播传统文化，以促进传统文化与现代文明的融合发展。再次，老年文化项目有效服务区域经济社会的可持续发展。老年文化特色项目建设服务区域经济文化发展，主要体现在两个方面。一方面，通过项目建设与应用，将地方特色文化、非物质文化遗产和特色资源活化，有效拓展城市生活空间，"留住乡愁"。同时，极大丰富广大居民文化生活，构建文化经济，促进区域文化与经济的繁荣共生；另一方面，通过特色项目教育资源开展丰富生动的教育教学活动，着力提升老年人群对特色文化资源的认知与传播能力，形成宝贵的人力资源财富，实现老年文化服务经济社会发展的价值功能。最后，老年文化项目能有效满足老年人对乡土文化学习的需求。不同地域文化差异非常大，如我国北方地区和南方地区在饮食、生活习俗等方面都有着显著的不同，对老年人的学习需求有着深刻的影响。老年文化特色项目建设，是有效满足老年人对乡土文化学习需求的重要渠道。如岭南文化，包括岭南音乐、绘画、粤剧、工艺、美食、民俗等核心元素，开发岭南特色文化项目，将有效满足广州地区老年人本土化的学习需求。[①]

2. 科学性

老年文化项目建设是指为老年人提供丰富多彩的文化活动和服务的一系列工作。这些项目的建设应以科学论证为前提，即在进行老年文化项目建设之前，必须对其进行科学的论证和研究，以明确特色化定位和建设目标。首先，科学论证是指通过对老年人的需求、兴趣和特点进行深入调研和分析，根据科学的方法和数据找出最适合老年人的文化项目建设方向。这样可以确保项目建设的针对性和有效性，避免盲目性和浪费资源。其次，明确特色化定位是指在老年文化项目建设中确定其独特性和个性化的特点，使其与其他文化项目有所区别，吸引老年人的关注和参与。这样可以提高老年人对文化项目的认同感和参与的积极性，增强项目的吸引力和影响力。最后，建设目标是指在老年文化项目建设中

---

① 谢宇. 老年教育特色项目建设路径构建策略［J］. 宁波广播电视大学学报，2020，18（4）：1-4.

明确具体的目标和成果，如提高老年人的文化素质、促进老年人的身心健康等。通过制定科学的目标和指标，可以对项目的实施和效果进行评估和监控，确保项目的顺利推进和取得预期效果。综上所述，老年文化项目建设应以充分的科学论证为前提，明确特色化定位和建设目标。只有这样，才能更好地满足老年人的需求，提高老年人的生活质量，推动老年文化事业的发展。

3. 多元性

老年文化项目建设是满足老年人文化需求的重要举措。要实现老年文化项目的全面发展，需要综合运用多维立体化资源，包括以下几个方面：第一，利用学校的教育资源，开设老年文化课程，为学习和传承传统文化创造机会。可以邀请专业老师开设音乐、书法、绘画等适合老年人学习的课程。第二，社区是老年人日常生活的重要场所，可以通过社区资源提供老年文化项目。社区图书馆、艺术馆、文化中心等设施可以举办各种文化活动，如老年书展、艺术展览、文艺演出等，满足老年人对文化的需求。第三，利用公共设施打造老年文化项目建设的场所。建立老年人学习中心、文化活动中心等设施，提供老年人在文化项目中学习和交流的空间。第四，与专业机构合作，开展老年文化项目。例如，与博物馆、美术馆、剧院等合作，组织老年人参观展览、观看演出，增加他们对文化的体验。第五，动员社会各界的志愿者参与老年文化项目建设。志愿者可以提供专业知识和技能，为老年人提供艺术指导、音乐表演、舞蹈教学等服务。总之，综合运用这些资源，形成包含课程、教学、实践、体验、传承、发展等多元内容的体系化教育资源，可以提供全方位的老年文化项目服务，满足老年人的多样化需求。同时，老年文化项目建设涉及多个部门资源的整合建设，需要政府、社会组织、企业和公众齐心协力，形成合力，促进老年人的健康、快乐和全方位发展。

4. 参与性

老年人需要参与项目中，可以促进老年人的社交互动、情感交流和自我价值实现。创造适合老年人参与的环境和机会，鼓励老年人积极参与项目的决策、设计和实施过程。首先，可以通过社区活动和志愿者工作为老年人提供参与项目的机会。举办老年人感兴趣的各类活动，例如手工、舞蹈、音乐等，鼓励老年人参与并发挥自己的特长。同时，组织志愿者服务老年人，让老年人可以参与其中，以志愿者的身份为项目提供帮助和支持。其次，可以建立老年人参与决策和设计的机制。老年人具有丰富的人生经验和智慧，他们可以为项目的决策和设计提供宝贵的意见。可以邀请老年人参加项目的会议和讨论，听取他们的建议和意见。在制定项目计划和规划过程中，积极征求老年人的意见，并将其纳入最终的决策和设计中。此外，可以为老年人提供培训和学习的机会，提升他们的专业能力和技能。通过组织培训班、讲座等形式，传授老年人所需的知识和技能，让他们能够更好地参与项目中。同时，鼓励老年人互相学习和交流，搭建老年人之间的学习平台，促进老年人之间的合作和交流。最后，应该重视老年人参与项目的感受和需求。在项目的实施过程中，关注老年人的需求和意见，及时进行调整和改进。通过定期的评估和反馈机制，了解老年人参与项目的情况和意见，不断优化项目的运作和效果。总之，老年人应该被视为项目中不可或缺的一部分，创造适合老年人参与的环境和机会，让他们能够充分参与项目的决策、设计和实施过程，促进老年人的社交互动、情感交流和自我实现。这不仅可以提升老年人的生活质量，也能够充分利用老年人的智慧和经验，为社会发展作出贡献。

5. 包容性

对于老年文化项目，确保具备包容性非常重要。老年人群体是非常多样化的，他们有着不同的年龄、性别、文化背景和经济状况。因此，老年文化项目应该考虑不同老年人的需求和利益，并提供包容性的服务和机会。首先，老年文化项目应该提供可访问的服务。考虑老年人可能存在的行动不便和语言障碍，项目要为他们提供便利的交通和通信方式，并利用简明易懂的语言和工具来传达信息。例如，可以提供易于使用的电子设备和特殊的交通服务，以确保老年人能够轻松参与活动和项目。

其次，老年文化项目应该关注老年人的兴趣和需求。老年人对文化活动和项目有着不同的兴趣爱好，需要提供多元化的选择。例如，可以组织各种类型的艺术展览、音乐会、戏剧表演、书法班等，以满足老年人的不同需求和喜好。此外，老年文化项目还应该考虑老年人的经济状况。老年人的经济能力存在差异，有些老年人可能无法负担昂贵的文化活动费用。项目可以提供一些免费或低价的文化活动，或者通过合作伙伴关系提供更多的优惠和折扣，以确保老年人能够参与其中。最后，老年文化项目还应该鼓励老年人之间的社交互动和合作。通过组织社交活动、志愿者项目和团体项目等，老年人可以相互分享经验和互相支持。这样的社交互动可以为老年人提供一个交流的平台，促进他们的社交联系和社区参与。概言之，老年文化项目要具备包容性，需考虑老年人需求的多样性，并提供可访问的服务、关注兴趣和需求、考虑经济状况和鼓励社交互动等。这样的项目可以为老年人提供丰富多样的文化体验，帮助他们保持积极的精神状态和社交联系。

三、老年文化项目的类型

随着社会的发展和人口老龄化的趋势，中老年人群体的需求也逐渐得到关注。中老年文娱项目以其独特的优势，为这个群体带来了更多的乐趣和创造力，并且对他们的生活产生了积极的影响。老年文化项目是针对老年人需求开展的一系列活动和服务。老年人在日常生活中面临着各种挑战，包括社交孤立、身体健康衰退、心理问题等。老年文化项目旨在通过提供丰富多样的文化活动和服务，满足老年人的不同需求，促进他们积极参与社会，提升生活品质。这些老年文化项目包括但不限于以下几个方面。

1. 教育培训类

老年人的学习和培训需求日益增加，因此为老年人提供各种教育培训机会是非常重要的。下面介绍几种为老年人提供的学习和培训形式。

（1）老年大学：老年大学是为年龄较大的人群设立的学习机构，提供广泛的学科和课程。老年人可以选择自己感兴趣的课程，例如历史、文学、艺术等，通过听讲座、参加讨论和写作等方式继续学习和交流。

（2）老年人读书会：老年人读书会是为老年人提供读书和分享阅读体验的地方。在读书会中，老年人可以选择一本书，每周或每月一次聚集在一起讨论书中的内容，分享自己的理解和感受。这种活动不仅有助于老年人提升阅读能力，还能增进交流和思考能力。

（3）老年人技能培训：老年人技能培训涵盖各种技能和兴趣爱好，例如绘画、音乐、舞蹈、手工艺等。这些培训班通过提供专业指导，能够帮助老年人继续发展自己的兴趣爱好，提高他们在相关领域的技能水平。

（4）在线学习平台：老年人可以利用互联网上的在线学习平台获取各种培训课程。这些平台提供各种主题的课程，包括语言学习、计算机技能、健康管理等。老年人可以根据自己的兴趣和需求选择适合自己的课程，并根据自己的时间和地点自主学习。

为老年人提供各种学习和培训机会不仅可以满足他们的需求，还有助于改善他们的心理健康和社交关系。通过持续学习和参与有意义的活动，老年人可以保持活跃、充实和快乐的生活。因此，我们应该积极推动并支持这些教育培训项目的发展。

2. 健康养生类

老年人健康养生活动的开展对于促进老年人身心健康至关重要。可以以一些常见的活动设计老年文化项目，包括老年人健身操、老年人瑜伽班和老年人走路俱乐部等。

（1）老年人健身操：老年人健身操是一种通过简单的舞蹈动作来锻炼身体的运动方式。健身操可以帮助老年人增强肌肉力量、提高灵活性和平衡能力，并且可以改善心理状态，增加社交活动。健身操可根据老年人的健康状况进行调整，适当强度的运动对身体有益。

（2）老年人瑜伽班：瑜伽是一种古老的身心锻炼方式，适合老年人进行。老年人瑜伽班可以帮助老年人提高柔韧性、平衡能力和肌肉力量。

同时，瑜伽还可以帮助老年人放松身心，缓解压力和焦虑，提升生活质量。

（3）老年人走路俱乐部：走路是最简单的一种体育运动，适合几乎所有老年人参与。老年人走路俱乐部可以组织定期的集体走路活动，让老年人在愉悦的氛围中进行锻炼。走路不仅可以提高心脏和呼吸系统的功能，还可以增加骨骼密度，预防骨质疏松症。

通过开展各类体育运动和健康养生活动，老年人可以保持健康的身体和积极的心态。这些活动还可以提供社交机会，帮助老年人建立友谊和交流经验，增强社会支持网络。在组织这些活动时，应注意老年人的健康状况和能力，确保活动的安全性和适宜性，并提供专业指导和监督。

3. 文化艺术类

文化艺术类老年文化项目包括老年人合唱团、老年人舞蹈队、老年人绘画班等，鼓励老年人参与各种文化艺术活动，体验艺术的魅力并展示自己的才艺。老年人是社会的重要组成部分，他们拥有丰富的生活经验和智慧。然而，在现代社会中，由于各种原因，老年人往往被边缘化，缺乏交往和交流的机会。为了提高老年人的生活质量，许多社区和机构开始组织各种文化艺术类活动，鼓励老年人积极参与。老年人合唱团是其中一种形式，老年人可以通过合唱歌曲来增进友谊，享受音乐的美妙。合唱团的演出也可以丰富社区文化生活，让老年人成为社区艺术的一部分。老年人舞蹈队是另一类受欢迎的文化艺术类团队。老年人通过跳舞可以锻炼身体，增强身体灵活性，并且跳舞还可以提升情绪，传达快乐和积极的能量。老年人舞蹈队还可以参加社区节庆活动或者公益演出，展示他们的才艺和活力。除了音乐和舞蹈，老年人绘画班也是一种广受欢迎的文化艺术活动。绘画是一种表达情感和创造力的方式，老年人可以通过绘画记录自己的过去和体验。绘画不仅能够提升老年人的艺术素养，还能够培养他们的观察力和创造力。这些文化艺术类活动不仅丰富了老年人的生活，还提高了他们的社交能力和自信心。老年人通过与同龄人一起参与艺术活动，可以建立深厚的友谊，互相激励和支持。同时，展示自己的才艺也可以让老年人感到自豪和有成就感。

总之，文化艺术类活动对老年人的福祉和生活质量有着积极的影响。社区和机构应该多元化地组织这些活动，提供更多机会让老年人参与，并且充分重视老年人的艺术创作和表达，让他们在艺术的世界中找到快乐和自我价值的实现。

4. 社会参与类

该类型的项目包括老年人志愿者服务队、老年人政府咨询团等，通过参与社会公益活动和社区建设，让老年人感到自己存在的价值。老年人是社区中的重要一员，他们拥有丰富的经验和知识，为社区发展作出了重要贡献。然而，随着社会的变迁和家庭结构的改变，一些老年人可能会感到孤独和失落。为了解决这个问题，社会参与类项目应运而生。老年人志愿者服务队是一个为老年人提供服务的项目。这些志愿者可以帮助老年人开展日常生活所需的各种活动，比如购物、看病等。志愿者们可以根据老年人的需求和能力提供帮助，让他们感到自己仍然是社区的一员，有人关心和支持。此外，老年人政府咨询团也是一个重要的社会参与类项目。政府可以组建由老年人组成的咨询团队，由他们提供政策咨询和建议。老年人是社会的智囊团，他们可以从自己的经验中总结出一些宝贵的经验和教训，为政府决策提供重要的参考。通过社会参与类项目，老年人可以感到自己的存在和价值。他们可以通过帮助别人和为社区作出贡献，感受到被需要和被尊重的感觉。同时，这些项目也可以为年轻人提供与老年人互动的机会，促进不同年龄群体之间的沟通和理解。社会参与类项目对于老年人的身心健康也有积极的影响，可以帮助老年人保持身体的灵活性，增强身体素质。同时，与他人互动可以减轻他们的孤独感和抑郁情绪，提高生活质量。

总之，社会参与类项目对于老年人来说是非常重要的。通过这些项目，老年人可以感到自己存在的价值，提高生活质量，并为社区发展作出贡献。政府和社会各界应该重视和支持这些项目，为老年人提供更多的参与机会。

5. 旅游休闲类

老年人旅游休闲活动是一种为老年人提供丰富多样旅游和休闲体验的服务。这些活动可以包括老年人旅游团、老年人户外郊游等，通过组织老年人参与各种有趣的活动，为他们创造愉悦和放松的环境。老年人旅游团是一种组织老年人参与旅游活动的方式。这些团队通常由专业的旅游机构组织，为老年人提供全方位的服务，包括行程安排、交通和住宿等。老年人可以在旅游团中结识新朋友，分享旅游的快乐，留下美好回忆。他们可以参观名胜古迹、观赏自然风光、体验当地风土人情等，拓宽视野，增长知识。老年人户外郊游是一种让老年人远离城市，亲近大自然的活动。这些活动通常包括徒步旅行、登山、露营等。老年人可以在户外环境中呼吸新鲜空气，享受大自然的美景，锻炼身体的同时也放松心情。户外郊游活动还可以促进老年人之间的交流和互动，拓宽社会网络，提升生活品质。通过参与老年人旅游休闲活动，老年人可以丰富自己的生活经历和体验。旅游可以带给他们新鲜感和兴奋感，激发他们的好奇心和兴趣。休闲活动可以帮助他们放松身心，减轻压力，维持健康的状态。此外，这些活动还可以为老年人提供一个交流和社交的机会，延缓老年人的衰老过程，增加生活乐趣。

总之，老年人旅游休闲活动对老年人的身心健康和生活质量有着重要的积极的影响。这些活动不仅能够增加老年人的生活乐趣，还可以延缓老年人的衰老过程，促进身心健康。因此，我们应该积极支持和鼓励老年人参与旅游休闲活动，为他们创造更美好的晚年生活。

6. 数字技术类

数字技术类项目包括老年人电脑培训班、老年人手机应用使用指导等，帮助老年人学习和使用数字技术，提升老年人的科技素养和信息获取能力。随着数字技术的快速发展，它已经成为许多人生活中不可或缺的一部分，而老年人也逐渐意识到数字技术对他们的生活和社交有着巨大的影响。然而，由于缺乏相关知识和经验，很多老年人对数字技术感到陌生和困惑。为了帮助他们更好地适应数字化时代，老年人电脑培训班和老年人手机应用使用指导等服务应运而生。老年人电脑培训班是专门针对老年人开设的计算机学习班。通过系统的培训课程，老年人可以逐步学会基本的计算机操作技能，如打字、浏览网页、发送电子邮件等。同时，他们也将学习如何使用办公软件，如文字处理和电子表格，以及如何利用互联网搜索信息和进行网上购物等。老年人手机应用使用指导主要致力于帮助老年人掌握手机的基本功能和应用程序。将一些常用的手机应用程序介绍给老年人，并教授他们如何下载和安装应用程序，如社交媒体、通信工具和健康管理应用等。此外，还可以通过实践操作，教授老年人如何使用手机拍照、录音、发送短信等功能。这些培训班和指导服务的目标是帮助老年人克服数字技术的障碍，提升他们的科技素养和信息获取能力。通过掌握数字技术，老年人可以更好地与家人和朋友保持联系，参与社交活动，获取信息和娱乐资源。同时，数字技术的应用也有助于老年人更好地管理自己的生活和健康，提高自身的生活质量。为了更好地支持老年人学习和使用数字技术，相关机构和社区应当推广这类培训和指导服务，提供方便的学习环境和资源，并且培训师应当具备耐心和专业的指导能力。此外，还可以开展一些关于数字技术的沙龙或讲座，以促进老年人之间的交流和经验分享。

总之，老年人电脑培训班和老年人手机应用使用指导等服务是帮助老年人学习和使用数字技术的有效手段，有助于提升老年人的科技素养和信息获取能力。这将帮助老年人更好地适应数字化时代，保持社交活动和信息交流，提高生活质量和幸福感。

7. 家庭关怀类

这种类型包括老年人家庭陪护服务、老年人照料服务等，为老年人提供家庭关怀和日常生活的支持，提高老年人的居家生活质量。随着人口老龄化的加剧，家庭关怀成为一个重要的社会问题。许多老年人需要日常生活和医疗护理，而他们的子女又常常忙于工作无法照顾他们。因此，家庭关怀类服务的需求日益增长。老年人家庭陪护服务是为了满足老年人在家庭中的陪伴和看护需求设计的。这种服务一般由专业的护理人员提供，他们可以提供身体上的照料、社会交流和心理支持。家庭陪护服务可以有效地延长老年人的居家生活时间，帮助他们保持身心健康。老年人照料服务涵盖了更广泛的方面。除了家庭陪护服务，还包括日常生活照料，如购物、烹饪、清洁等。这项服务可以帮助老年人解决生活中的一些困难，提供他们所需的支持。此外，老年人照料服务还可以提供医疗协助，如定期医疗检查、药物管理等，以确保老年人的健康状况得到妥善管理。

家庭关怀类服务的益处不仅体现在老年人身上，也给他们的子女带来了便利。通过家庭陪护服务和老年人照料服务，子女们无须亲自照顾父母，可以专注于自己的工作和生活。这种服务在提高老年人居家生活质量的同时也增加了家庭的和谐和幸福。然而，要想提供高质量的家庭关怀服务也面临着一些挑战。首先是人力资源的短缺。随着老龄化的加剧，护理人员的需求远远超过了供给。同时，专业护理人员的培养也需要时间和资源的投入。其次是服务的质量问题。由于缺乏统一的标准和监管机构，部分家庭关怀服务存在着质量参差不齐的问题。最后是经济问题。一些家庭关怀服务的费用较高，有些家庭无法承担。为了加强家庭关怀服务的提供，需要政府、社会组织和企业等多方合作。政府可以加大对家庭关怀服务的投入，提供培训和资金支持，建立监管机制。社会组织可以组织志愿者团队，提供社区居民间的相互帮助。企业可以发挥自身资源优势，开展家庭关怀服务的创新模式。家庭关怀类服务对于提高老年人的生活质量和家庭和谐具有重要意义。通过加强家庭关怀服务，可以实现老年人的养老愿望，维护家庭关系，促进社会的发展与进步。

通过开展这些老年文化项目，可以为老年人提供多样化的选择，满足他们不同方面的需求。同时，这些项目还可以促进老年人与社会的联系，让他们感受自己的价值和存在感，提升生活品质。

第二节　老年文化项目的设计

一、老年文化项目的目标

老年文化项目的目标在老年文化设计中起着导向性的作用。这些项目的目标通常是促进老年人的参与感，提高他们的生活质量并满足他们的需求和期望。在老年文化设计中，项目目标可以指导整个设计过程，包括内容选择、活动安排、空间布置和交流方式等。根据项目目标，设计师可以选择适合老年人的艺术、娱乐和教育活动，例如音乐会、舞蹈课程和绘画工作坊。他们还可以设计老年人友好空间，提供便利设施和舒适的环境，以满足老年人的需求。具体来说，老年文化项目的目标通常包括以下几个方面。

1. 促进老年人的身心健康

通过开展老年文化项目，可以提供多样化的活动和资源，促进老年人的身心健康。例如，组织健身活动、艺术课程、阅读俱乐部等，让老年人积极参与，并且能够保持身体和思维的活跃。

2. 传承与弘扬传统文化

老年文化项目可以帮助老年人了解和传承传统文化，让他们重新感受文化的力量和价值。例如，组织文化讲座、传统艺术演出、手工艺品制作等活动，让老年人感受到文化活动的乐趣，增强他们对传统文化的认同和传承。

3. 提供社交支持和社区参与

老年人往往面临着孤独和社交隔离的问题，老年文化项目可以提供社交支持和社区参与的机会，帮助老年人建立社交网络和增强社区归属感。例如，组织社区聚会、志愿者活动、社交俱乐部等，让老年人能够与其他人分享兴趣爱好，增加社会交流和互动。

4. 拓宽老年人的知识和技能

老年文化项目可以为老年人提供学习和发展的机会，帮助他们拓宽知识和技能。例如，组织培训课程、工作坊、技能分享会等，让老年人学习新知识、掌握新技能，提升自己的终身学习能力。

5. 引导老年人积极参与社会发展

老年文化项目可以引导老年人积极参与社会发展，让他们发挥自己的潜能和优势。例如，组织老年人志愿者团队、社会实践活动等，让老年人参与社会公益事业，为社会作出贡献，同时也增强老年人的自尊心和自信心。

此外，通过定期评估项目目标的达到程度，设计者可以测量和改进老年文化项目的效果。这种反馈机制可以帮助设计师了解哪些方面需要改进，哪些方面已取得成功，并根据反馈结果对项目进行调整。总之，老年文化项目的目标对于老年文化项目设计至关重要。它们不仅帮助指导整个设计过程，还可以提供反馈机制，以确保项目能够实现预期效果，并满足老年人的需求和期望。

二、老年文化项目的设计原则

老年文化项目设计原则在老年文化项目中起到重要的支撑性作用。以下是一些常见的设计原则，可以帮助项目更好地满足老年人的需求和提高他们的参与度。

1. 尊重老年人的需求和意见

老年人需要参与项目的设计和规划过程，他们的需求和意见应该得到充分的尊重和考虑。项目的设计应该符合老年人的喜好和兴趣，以提高他们的参与度和满意度。

2. 提供适合老年人参与的环境

项目的场所和设施应该适合老年人的身体和认知能力。例如，可以提供无障碍设施和便利设施，如坡道、扶手、明亮的照明等，以方便老年人的参与。

3. 关注老年人的健康和安全

项目的设计应该考虑老年人的健康和安全因素。例如，在活动设计上要注意老年人的体力和耐力，提供适度的休息；在环境布置上要考虑老年人的视觉和听觉需求，避免过于刺激和嘈杂的环境。

4. 提供多样化的活动和内容

老年人的兴趣和需求各不相同，项目应该提供多样化的活动和内容，以满足不同老年人的需求。例如，可以安排文化表演、手工制作、健身运动、社交聚会等活动，以吸引和满足不同老年人的兴趣爱好。

5. 鼓励社交互动和参与

老年人往往面临孤独感和社交隔离的问题，项目的设计应该鼓励老年人之间的社交互动和参与。例如，可以设置社交活动或小组讨论，提供机会让老年人相互交流和建立社交联系。

6. 注重传承和交流老年文化

老年人是社会的宝贵资源，他们拥有丰富的生活经验和文化传统。项目应该注重传承老年文化，例如通过故事分享、传统技艺展示等形式，让老年人的智慧和经验得以传承。

7. 提供便利的参与方式

老年人的参与程度和方式各不相同，项目应该提供便利的参与方式，以吸引更多老年人参与。例如，可以提供线上线下相结合的参与方式，让老年人可以选择合适的方式来参与项目活动。

8. 持续关注和评估

老年人的需求和偏好可能随着时间的变化而变化，项目的设计应该持续关注和评估老年人的反馈和需求，及时作出调整和改进，以保持项目的活力和吸引力。

尽管以上是一些常见的设计原则，可以帮助老年文化项目更好地满足老年人的需求和提高他们的参与率，但是具体的设计原则还应根据项目的特殊需求和老年人群体的特征进行进一步定制。

三、老年文化项目的常见活动

中国式现代化是物质文明和精神文明相协调的现代化。物质富足、精神富有是社会主义现代化的根本要求。近年来，我国各地政府以历史文化底蕴为背景，以红色基因为血脉传承，持续完善公共文化服务体系，打造功能齐全的老年文化设施，组织各种各样的文化活动，不断提升城市魅力和文化品位，丰富市民精神生活，增强人民群众获得感、幸福感。

老年文化项目的活动种类繁多，这里我们总结一些常规的活动内容。

1. 书法和绘画班。这是一种传统的艺术活动，通过指导和培训，老年人可以学习和提高他们的书法和绘画技巧。2. 舞蹈和健身班。这些活动旨在通过舞蹈和健身运动来增强老年人的身体健康和活力。舞蹈形式可以包括广场舞、拉丁舞、民族舞等。3. 手工制作班。老年人可以参加手工制作班，学习制作各种艺术和手工艺品，如剪纸、刺绣、编织和陶艺等。4. 音乐和合唱团。老年人可以组成合唱团，参加音乐排练和演出，享受音乐的乐趣和社会交流。5. 传统文化活动。老年人可以参与传统文化活动，如戏曲表演、杂技、民乐演奏等，以传承和弘扬传统文化。6. 文学分享会。老年人可以参加文学分享会，与其他老年人分享读书心得、诗歌和故事创作等。7. 健康讲座和养生活动。组织健康讲座和养生活动，教授老年人关于健康饮食、养生保健的知识和技巧。8. 社区志愿者活动。老年人可以参与社区志愿者活动，如帮助孤寡老人、参与环保和社区建设等，为社会贡献自己的力量。通过这些活动，老年人可以保持活跃、积极参与社交和学习，提高身心健康水平，丰富自己的生活。同时，老年文化项目也为老年人提供了一个相互交流和相互支持的平台。

第三节　老年文化项目的实施

一、前期准备阶段

在前期准备阶段，项目执行团队需要进行项目的规划和设计，包括明确项目的目标和愿景，制订详细的项目计划，确定项目的预算和资源需求，并建立一个有效的项目管理团队。此外，还需要进行相关的市场调研和风险评估，以确保项目的可行性和成功实施。在项目规划和设计阶段，项目执行团队需要完成以下任务。

1. 确定项目目标和范围

明确项目的目标和可交付成果，以及项目涉及的范围和限制。这有助于团队明确项目的重点和优先级。

2. 制订项目计划

制订详细的项目计划，包括项目的任务分解、时间安排、资源分配和里程碑等。项目计划可帮助团队了解项目进展情况，并为项目执行提供指导。

3. 确定项目预算和资源需求

根据项目计划和目标，确定项目所需的预算和资源。这包括人力资源、物料、技术设备等方面的需求。

4. 建立项目管理团队

组建一个高效的项目管理团队，负责监督和协调项目的实施。该团队应包括项目经理、领导者和相关的商务部门代表等。

5. 进行市场调研和风险评估

进行市场调研，了解竞争环境、客户需求和潜在风险等因素。同时，对项目可能面临的风险进行评估和管理，以制定相应的风险应对策略。

在进行项目规划和设计时，项目执行团队应该密切关注项目目标的实现，并与利益相关者进行充分的沟通和协商，以确保项目的成功实施。项目规划和设计是项目管理中至关重要的阶段，在这个阶段，项目执行团队应该密切关注项目目标的实现。以下是在项目规划和设计过程中需要注意的几个关键点。

1. 明确项目目标

在项目规划和设计阶段，项目执行团队应该明确项目的目标和预期成果。这包括确定项目的范围、时间、成本和质量目标，以及任何其他相关目标。

2. 与利益相关者沟通和协商

项目执行团队应该与所有利益相关者进行充分的沟通和协商。利益相关者包括项目发起人、项目团队成员、客户、供应商以及其他可能受到项目影响的人员。与利益相关者的沟通和协商可以帮助项目执行团队充分了解各方的需求和期望，并确保项目方向符合所有利益相关者的利益。

3. 制订详细的项目计划

项目执行团队应该在项目规划和设计阶段制订详细的项目计划。这包括确定项目所需要的资源（人力、物力、资金等）、制订项目进度计划、制订质量管理计划以及制订风险管理计划等。详细的项目计划可以帮助项目执行团队更好地组织和管理项目，确保项目按时、按质、按量地完成。

4. 确保项目可行性

在项目规划和设计阶段，项目执行团队应该对项目的可行性进行评估。这包括评估项目的技术可行性、经济可行性、组织可行性等。只有在项目的各个方面都具备可行性的情况下，项目执行团队才能确定项目的方向和目标，并制订相应的计划。

5. 监控和调整项目计划

项目规划和设计阶段并非静止不动的，项目执行团队应该定期监控项目的进展，并根据实际情况对项目计划进行调整。这可以帮助项目执行团队及时应对风险和变化，并确保项目能够按计划前进。

在项目规划和设计阶段，项目执行团队的密切关注和充分沟通是确保项目成功实施的关键。通过明确项目目标、与利益相关者沟通和协商、制订详细的项目计划、评估项目的可行性以及监控和调整项目计划，项目执行团队可以为项目的成功实施奠定良好的基础。

二、中期实施阶段

在中期实施阶段，项目执行团队开始按照项目计划进行具体的工作。

这包括组织团队成员、分配任务、制定时间表、监督项目进展，并与利益相关者进行有效的沟通和合作。同时，还需要建立并维护与项目相关的各方合作伙伴关系，包括社区组织、志愿者团队和老年人群体等。具体来说包括：

1. 团队成员

项目执行团队应根据各个成员的技能和经验，合理分配工作，并明确各个成员的职责和角色。团队成员应该在项目执行期间保持高度的合作和协作，确保项目的目标能够实现。

2. 分配任务

在项目执行过程中，项目执行团队需要根据项目计划和时间表，将工作分配给各个团队成员，并确保每个任务都有明确的责任人和截止日期。同时，还要时刻关注各个任务的进展情况，及时处理和解决可能出现的问题和风险。

3. 制定时间表

项目执行团队应制定详细的时间表，将项目工作分阶段安排，并设定里程碑。这样可以帮助团队成员清楚地了解项目进展情况，以及项目各阶段的具体目标和截止日期。同时，也有助于团队成员合理安排工作时间，提高工作效率。

4. 监督项目进展

项目执行团队需要对项目的进展情况进行监督和控制，及时发现和解决可能出现的问题和障碍。通过定期的团队会议和进度报告，可以及时了解项目的实际进度，讨论和解决项目执行过程中的各种问题，确保项目按时完成。

5. 与利益相关者进行有效的沟通和合作

项目执行团队应与项目的利益相关者进行密切的沟通和合作，包括项目发起人、项目经理、合作伙伴、供应商以及其他相关部门和团队。通过建立良好的合作关系和有效的沟通渠道，可以更好地理解各方需求和期望，解决问题，协调资源，确保项目的成功实施。

在项目中期实施阶段，项目执行团队的重点是组织和协调各项工作，确保项目能够按计划顺利进行。他们需要具备良好的团队管理和沟通能力，以及解决问题和应对挑战的能力，以确保项目能够达到预期的效果。同时，建立与项目相关的合作伙伴关系也至关重要，它可以为项目提供必要的资源，增加项目的成功概率。

三、后期评估阶段

在后期评估阶段，项目执行团队对项目效果进行评估和总结。这包括对项目目标是否达成的评估，对项目过程中遇到的问题和挑战的反思，以及对项目取得的成果和经验的总结和分享。同时，还需要收集项目参与者和利益相关者的反馈意见，并根据评估结果调整和改进项目的策略和实施方案。在项目的后期评估阶段，执行团队需要对项目的效果进行全面评估和总结。评估的重点包括以下几个方面。

1. 项目目标是否达成

项目执行团队需要评估项目是否达到了最初设定的目标。对比项目开始时制订的目标和计划，检查项目中的关键里程碑是否成功实现，项目交付是否按时完成，是否达到了质量标准等。如果项目目标没有达到，需要分析原因并提出改进措施。

2. 反思项目过程中遇到的问题

执行团队需要对项目过程中遇到的问题进行反思和总结。这包括项目进度延迟、资源不足、沟通和协调不畅、利益冲突等方面的问题。通过深入分析问题的根本原因，总结经验教训，以便在将来的项目中避免类似问题的发生。

3. 项目成果的总结

项目执行团队需要总结项目取得的成果。这包括项目的成本效益、质量水平、技术创新、组织效能提升等方面。通过对项目成果的总结，可以评估项目的价值和影响力，并为未来类似的项目提供经验参考。

4. 收集参与者和利益相关者的反馈意见

执行团队需要主动收集项目参与者和利益相关者的反馈意见。这包括项目团队成员、项目发起方、客户、合作伙伴等。通过听取各方的意见和建议，可以发现项目中的不足之处，并及时改进项目实施方案。

5. 改进项目实施方案

基于评估结果和反馈意见，执行团队需要对项目实施方案进行改进。这包括修订项目的目标和计划、优化项目组织结构和资源配置、加强沟通协作机制等。目的是提高项目管理和实施的效果，确保项目能够最大限度地实现预期目标。

总之，后期评估阶段是一个反思和总结的阶段，通过评估项目效果和收集反馈意见，改进项目实施方案，以提高项目管理和实施的能力和水平。

第四节　老年文化项目的特殊风险与应对

一、老年文化项目的特殊风险

老年人与年轻人不同，身体处于退行性衰退过程，心理和社会关系也发生了变化，容易出现各类生理与社会危险。因此，老年文化项目需要格外重视防范风险。老年文化项目的特殊风险包括：

1. 健康风险：老年人的身体状况可能存在一定的健康风险，包括慢性病和生理功能下降等问题。这可能导致他们参与活动的能力受限或增加意外事件发生的风险。老年人可能面临多种健康风险，其中包括慢性病和生理功能下降。慢性病如高血压、糖尿病、心脏病和关节炎等，在老年人中更为常见。这些慢性病可以影响他们的身体状况，导致他们体力减退，活动能力下降，并可能需要长期治疗。另外，老年人的生理功能也会随着年龄的增长而逐渐下降。他们的肌肉力量、平衡能力和反应速度可能会受到影响，这增加了跌倒和其他意外事件发生的风险。例如，老年人在行走时可能会更容易失去平衡，导致骨折或其他伤害。饮食和营养也是老年人健康的重要因素。老年人的营养需求可能有所变化，他们需要摄取更多的钙质和维生素 D 来保持骨骼健康，以及摄取足够的蛋白质来维持肌肉强度和功能。为了降低老年人的健康风险，他们应该定期接受健康检查，保持适当的运动量，遵循健康饮食，避免吸烟和过度饮酒，保持社交和精神活动，有效管理慢性病，并采取安全措施以防止意外伤害。此外，家人和社区成员的支持也对老年人的健康至关重要。对于社区老龄群体而言，解决老年健康照护问题的核心是服务供给，我国老年人所需的主要服务关怀源于机构层面的医疗服务和养老服务。①

2. 社交风险：社交风险是指老年人可能面临的社交隔离和失去归属感的风险。当老年人迁居到新的地方或者生活环境发生变化时，他们可能会面临与社交网络断裂的问题。这种断裂可能导致他们感到孤独和失去归属感，并可能影响他们积极参与各种项目和活动。迁居或生活环境的变化可能会破坏老年人已建立的社交网络。他们可能会离开与他们长期相处和交流的朋友和家人。这种情况下，老年人可能会感到孤独和失去归属感，因为他们无法再依赖已有的社交支持网络。社交隔离和失去归属感对老年人的健康和幸福感有负面影响。孤独感和社交隔离与许多心理和身体健康问题相关，如抑郁症、焦虑症、高血压和认知功能下降。此外，老年人可能难以适应社会变化，因为他们不再有亲密的社交关系来提供支持和方向。面对社交风险，老年人可以采取一些措施来减轻其影响。首先，保持与亲朋好友的联系，并积极参与社区活动和社交团体。老年人可以主动参加社交活动，如志愿者工作、兴趣爱好小组、社区活动等，以扩大自己的社交圈子。此外，了解并使用当地社交支持资源，如老年人俱乐部、社区中心和社交服务组织，以寻求支持和交流。在社交风险方面，家属和社会组织也可以出一份力。他们可以提供社交支持和鼓励老年人参与社交活动。此外，为老年人提供技术支持，帮助他们使用各种社交媒体平台和通信工具，以便与远方的亲朋好友保持联系。最重要的是，社会应重视老年人的社交需求，并创造一个友善和包容的

---

① 翟绍琪，彭迎春，张志颖，等．老龄健康风险冲击下的社区老年照护关怀体系探究［J］．中国卫生事业管理，2023，40（7）：491-493.

社会环境。这意味着为老年人提供多样化的社交机会、推动社区参与和互助，并培养尊重和照顾老年人的文化价值观。帮助老年人建立良好的社会支持系统，使其扩展人际关系，加强与人的沟通交往，有效预防和缓解抑郁症的发生。①

3. 心理风险：老年人在项目中面临的心理风险是一个值得关注的问题。随着年龄的增长，老年人更容易受到心理问题的困扰，这包括焦虑、抑郁和认知功能下降等。这些心理问题可能会影响老年人对项目的参与度和投入程度，并增加项目运营的管理难度。焦虑是老年人常见的心理问题之一。年龄的增长可能会导致对未来的焦虑感增加，担心健康状况、经济稳定性等问题。这些焦虑可能使老年人在项目中变得不安定，影响他们在工作中的表现和工作情绪。抑郁是老年人常见的心理问题之一。随着年龄的增长和身体状况的变化，老年人可能失去动力、兴趣和喜悦。这种抑郁情绪可能会使老年人对项目缺乏兴趣，工作效率低下，以及与团队成员的交流和合作能力下降。认知功能下降是老年人常见的心理问题之一。随着年龄的增长，老年人可能面临记忆力下降、思维能力减退等问题。这可能会影响老年人对项目的理解和执行，导致在项目中出现错误和困难。管理这些心理风险的关键是提供支持和关怀。项目管理者应该了解老年人的特殊需求，并提供相应的支持措施。这包括提供心理咨询、为老年人提供适宜的工作环境和工作任务、鼓励老年人参与团队活动等。此外，项目管理者还应该关注老年人的身体健康状况，确保他们得到适当的医疗照顾和休息时间。总而言之，老年人面临心理问题是一个重要的风险，可能影响项目的运营。项目管理者应该采取措施，关注和支持老年人，以确保他们能够积极参与项目。

4. 经济风险：老年人的经济状况可能较为脆弱，尤其是那些依赖退休金或养老保险的人群。这可能使他们在参与老年文化项目时面临经济的困扰，从而降低他们的积极性和参与度。老年人在参与老年文化项目

---

① 邢荔函，杜立琛，牛越，等．老年抑郁症患病危险因素研究［J］．中国卫生统计，2019，36（6）：866-869.

时面临的经济风险是一个值得关注的问题。许多老年人依赖退休金或养老保险来维持生活，而这些收入往往有限，可能无法支付高昂的文化项目费用。这种经济脆弱性可能会影响他们参与和享受老年文化活动的能力。对于那些经济状况相对较好的老年人来说，他们可能会购买高质量的文化项目，但对于那些经济状况较差的人来说，参与文化项目可能成为一项负担。他们可能会感到无法承担高昂的门票费用、培训费用或旅行费用。这种经济压力可能会降低老年人参与老年文化项目的积极性和参与度。有些老年人可能会放弃参与这些项目，因为他们认为这不值得花费自己有限的资源。这可能会导致老年人的孤立感增加，缺乏社交和文化交流的机会。为了解决老年人面临的经济风险，社会应该采取一些措施来减轻老年人参与老年文化项目的经济负担。我们可以制定提供补贴或减免费用的政策，以帮助那些经济困难的老年人参与文化活动。同时，社会组织和机构可以提供价格合理的文化项目，以吸引更多老年人参与。此外，应该加强老年人的专业培训和技能提升，以提供更多经济来源。老年人可以通过兼职等形式增加收入，提高他们参与文化项目的能力。总之，老年人面临的经济风险可能成为限制他们参与和享受老年文化项目的一个因素。社会应该采取一系列措施来减轻其经济负担，并提供更多机会让老年人参与和享受文化活动。这将有助于促进老年人的社交和文化交流，提升他们的生活质量和幸福感。

5. 技术风险：随着数字技术的发展，老年人的数字化素养正在逐渐提高。然而，由于技术使用的困难，老年人在参与老年文化项目时仍存在一定的障碍。首先，老年人可能对新技术的使用感到陌生和困惑。他们可能不熟悉智能手机、平板电脑等设备的操作方法，也可能不知道如何使用应用程序或浏览网页。这种情况可能导致老年人在参与数字化项目时遇到技术设备的操作障碍。其次，老年人可能存在身体机能障碍，如手部灵活性降低或视力问题，而难以操作小型设备，如智能手机或平板电脑。这可能导致他们无法使用相应的技术来参与老年文化项目。此外，老年人可能缺乏与技术相关的知识和技能。他们可能没有接受过相关培训或教育，因此不了解如何利用技术来参与项目。例如，他们可能不知道如何搜索和浏览线上文化资源，如电子书籍、电影或音乐。这可能限制了他们参与数字化老年文化项目的能力。为了解决这些问题，可以采取几个措施。首先，可以提供针对老年人的技术培训课程，帮助他们提高数字化素养。这些课程可以包括设备操作、应用程序使用和网络浏览等内容。其次，应用程序和网站设计师和开发者可以考虑老年人的特殊需求，例如提供简化的界面、放大字体和图标等。最后，建立一个支持老年人使用技术的社区，可以让他们相互交流经验和技巧。虽然老年人可能面临技术使用的困难，但随着技术的不断进步和相关的支持措施完善，他们可以更好地参与数字化老年文化项目，从中受益并享受其中的乐趣。

二、老年文化项目特殊风险的应对

尽管开展老年文化项目存在一定的风险，但我们并不能因噎废食而放弃老年文化项目的开展。相反，我们可以采取以下一些应对措施。

1. 市场调研

在开展老年文化项目前，进行充分的市场调研，了解老年人的兴趣、需求和消费能力，以及市场上类似项目的情况。通过市场调研，可以更好地把握项目的可行性和潜在风险。市场调研对于开展老年文化项目非常重要。通过充分了解老年人的兴趣、需求和消费能力以及市场上类似项目的情况，可以为项目的可行性和潜在风险提供更准确的依据。

首先，了解老年人的兴趣和需求是非常关键的。老年人的兴趣与年轻人可能会有所不同，他们更注重休闲娱乐、学习和社交活动等方面。通过调研老年人的喜好和需求，可以有针对性地开展文化项目，满足他们的期望和需求。其次，了解老年人的消费能力也是市场调研的重要一环。老年人的经济状况和消费能力会有所不同，因此需要确定项目的收费标准和服务定价是否适合目标受众。要做到这一点，可以通过调研老年人的收入状况、花费习惯和支付意愿等来获得相关信息。最后，了解市场上类似项目的情况也是一项重要的市场调研内容。通过调研市场上已有的老年文化项目，可以了解竞争对手的情况、市场需求是否满足、价格定位等方面的信息。这样可以避免项目重叠或市场饱和的情况，并为项目定位和市场营销策略提供参考。通过充分的市场调研，可以更全面地了解老年人的需求和市场现状，从而有利于项目的规划和实施。同时，市场调研还可以帮助发现项目潜在的风险和挑战，提前采取相应的措施进行规避和应对，提高项目的成功概率。

2. 资金规划

老年文化项目可能需要一定的资金，包括设备购置、场地租赁、人力资源等方面的费用。在项目策划阶段，需要进行详细的资金规划，确保项目的可持续运作和风险的有效控制。在进行老年文化项目的资金规划时，需要考虑以下几个方面，根据项目的需求，首先，确定所需要的设备，并对其进行定价和预算。可以与供应商取得联系，了解设备的价格以及相应的质保和售后服务等。其次，如果项目需要一个独立的场地进行运营，需要考虑租赁费用，并与房东谈判租赁期限和条件，还需要预算场地的装修和维护费用。再次，老年文化项目往往需要一支专业的团队来进行管理和服务。在资金规划时，需要考虑员工的薪酬、福利、培训等费用，并在合适的时机招聘和雇用合适的人员。除了上述方面的费用，还需要考虑项目的日常运营费用，包括水电费、物业管理费、维护保养费等。最后，为了吸引更多的顾客和提升项目的知名度，需要进行适当的营销和推广活动。这需要一定的费用用于广告、宣传材料、社交媒体营销等方面。

在规划资金时，应该根据项目的实际情况制定详细的预算，并对各项费用进行合理的分配。同时也要留出一定的预留资金，以应对可能出现的意外费用或变动。定期进行资金状况的监控和核对，及时进行调整和管理，确保项目的可持续运作和风险的有效控制。

3. 选择合适的场地和设备

老年文化项目的场地和设备应该符合老年人的特点和需求，同时考虑老年人的身体条件和安全性。选择合适的场地和设备，可以降低老年人在项目过程中的意外伤害风险。场地应该具备以下特点：第一，场地应尽量平坦稳定，避免地面高低不平或存在障碍物，以防老年人走动时摔倒或绊倒。第二，通风良好，场地应具备良好的空气流通环境，确保老年人活动时有足够的氧气供应。第三，场地应具备安全设施，如防滑地板、防护栏杆等，以确保老年人的安全。设备选择应根据老年人的需求和特点，选择适当的设备可以提升项目的效果和安全性，老年人健身的设备应该具备低风险、低阻力的特点，如稳定的健身器材、柔软的床垫、扶手和支撑装置等。老年人喜欢参与游戏活动，选择适宜的游戏设备，如棋牌桌、扑克牌、乒乓球台等。老年人喜欢欣赏文化表演和参与文化活动，合适的设备包括电视、音响设备、书籍等。

综上所述，选择合适的场地和设备是确保老年文化项目成功开展的关键。应充分考虑老年人的身体条件和需求，以提供一个安全、舒适和适应性强的环境。

4. 安全保障

在老年文化项目中，老年人的安全是首要考虑的因素。项目组织者应该建立完善的安全保障措施，包括制定安全管理制度、培训工作人员的安全意识和技能、配置急救设备等。在项目运营过程中，及时发现并解决安全隐患，确保老年人的身体和财产安全。除了建立完善的安全保障措施，项目组织者还可以注意以下几点，以确保老年人的安全：第一，制定一套详细的安全管理制度，明确项目的安全责任、安全工作流程和安全培训等内容。第二，工作人员应接受相关安全培训，包括对老年人的身体状况和常见风险的了解，学习相应的急救知识和技能。第三，定期进行安全巡查，发现并解决安全隐患，比如观察老年人的居住环境是否安全，检查电线、水管等设施是否正常运行。第四，在项目场所内备有必要的急救设备，如急救箱、急救床等，以应对突发事件。第五，设立紧急联系电话，保持与当地医院、急救中心等相关机构的联系，以便在紧急情况下能及时获得医疗援助。第六，安全宣传和安全意识教育，定期组织安全宣传活动，提高老年人的安全意识，教育他们如何预防受伤和应对紧急情况。第七，根据老年人的身体状况和能力，合理规划活动内容，避免过于剧烈的运动和高风险的活动。第八，招募并培训一支专业的志愿者队伍，负责老年人的照顾和安全监控，及时发现和处理突发情况。第九，与社区卫生机构、老年协会等建立合作关系，共同关注老年人的安全问题。通过以上措施，可以有效保障老年人在项目中的安全，为他们提供一个安全、舒适、快乐的活动环境。

5. 导师和专业人才

老年文化项目中，可以邀请相关领域的导师或专业人才进行培训和指导，确保项目的专业性和质量。导师和专业人才的参与，能够提供专业的指导和技术支持，减少项目运作中的风险和困难。在老年文化项目中，导师和专业人才的参与至关重要。他们可以提供专业的知识和经验，帮助项目团队确保项目的专业性和质量。例如，在老年文化活动策划方面，可以邀请专业的活动策划师担任导师，向项目团队传授活动策划的技巧和经验。这样，项目团队可以学习专业的活动策划方法，提高活动的吸引力和参与度。另外，老年文化项目可能涉及一些特殊领域，比如老年照护、老年康复等，这些领域需要专业人才的参与。他们可以提供专业的指导和技术支持，确保项目在老年照护和康复方面的效果和安全性。比如，在老年康复项目中，可以邀请康复医师、物理治疗师等专业人才进行指导，确保项目的康复效果和安全性。导师和专业人才的参与还可以减少项目运作中的风险和困难。他们可以帮助项目团队识别和解决项目中的问题，从而避免一些可能的错误和挫折。比如，导师可以提供项目管理的指导，帮助项目团队制定合理的计划和预算，管理好项目的资源和风险。总之，导师和专业人才的参与对老年文化项目非常重要。他们可以提供专业的指导和技术支持，确保项目的专业性和质量。同时，他们还可以减少项目运作中的风险和困难，帮助项目团队顺利实施项目。因此，在老年文化项目中，应该积极邀请相关领域的导师和专业人才参与，为项目的成功运作提供支持。

总之，老年文化项目风险的应对措施主要包括市场调研、资金规划、合适的场地和设备选择、安全保障及导师和专业人才的参与等方面。市场调研是降低老年文化项目风险的重要步骤之一。在项目开始之前，进行充分的市场调研，了解目标老年人群的需求和兴趣，评估项目的市场竞争力和可行性。这将帮助项目团队确定项目的定位和目标，并制定相应的市场营销策略。资金规划是另一个重要的方面。老年文化项目通常需要一定的资金投入，包括设备购置、场地租赁、员工薪酬等。项目团队需要进行详细的财务分析和规划，确保项目在初期阶段和后续运营中有足够的资金支持。同时，项目团队还可以寻求资金支持的途径，如向政府部门、社会组织、企业等申请资助或合作。场地和设备选择也是降低风险的重要环节。合适的场地选择能够为项目的顺利运营提供良好的条件，如交通便利、环境舒适、设施完善等。同时，项目团队还需要选择适合项目需求的设备和器材，确保项目能够顺利进行并满足老年人的需求。安全保障是老年文化项目面临的一个重要问题。项目团队需要制定健全的安全管理制度和应急预案，确保参与者的人身安全和财产安全。同时，加强安全意识培训和员工背景调查，筛选合适的员工和志愿者参与项目，减少潜在的安全风险。导师和专业人才的参与也是降低风险的重要措施。项目团队可以邀请有经验的导师或专业人才参与项目，提供专业指导、培训和支持。他们的经验和专业知识可以帮助项目团队提高项目的质量，并避免或解决可能出现的问题。

综上所述，针对老年文化项目风险，市场调研、资金规划、合适的场地和设备选择、安全保障及导师和专业人才的参与都是降低风险的重要措施。项目团队应全面考虑这些因素，并制定相应的策略和计划，以提高项目的实施成效，提升可持续发展能力。

第六章　老年文化教育

第一节　老年文化教育的内涵

一、老年文化教育的定义

老年文化教育是指依据老年群体的不同需求、不同特点，教育者为其提供多种形式的课程学习，促进老年群体身心愉悦发展的教育活动。[①] 老年文化教育以老年人为对象，通过各种形式和途径，向他们传授文化知识和技能，满足其精神需求，促进其身心健康。此领域旨在帮助老年人继续学习、拓宽视野、保持活力，同时也是为了提高他们的生活质量和社会参与度。

《"十四五"国家老龄事业发展和养老服务体系规划》重点提出，要有效满足老年群体多层次、多样化的养老服务需求，使其获得感、幸福感和安全感显著提升，为老年教育高质量发展提供了行动指南。[②] 老年文化教育是整个教育事业的一个重要组成部分，它与成人教育、职业教育等教育领域有着密切的联系。在课程设置上，老年文化教育涵盖了广泛的内容，包括文化、艺术、科技、语言、健康等多个方面，旨在满足老年人的不同需求和兴趣。此外，老年文化教育还具有一些独特的特点。

①　方亚君.文化养老视域下老年教育发展路径探析［J］.内蒙古电大学刊，2022（4）：105-108.

②　刘欢.思政教育视角的文化养老与老年教育［J］.中学政治教学参考，2023（43）：101.

首先，它注重实用性和生活化，教学内容往往与老年人的日常生活息息相关，例如智能手机使用、养生保健等。其次，它强调情感交流和人际交往，通过集体活动和互动学习，帮助老年人建立社交网络和增强社交技能。最后，老年文化教育注重个体差异和个性化教学，尊重老年人的学习特点和需求，以适应不同的学习风格和兴趣爱好。随着人口老龄化的加剧，老年文化教育逐渐受到越来越多的关注和重视。通过开展各种形式的老年文化教育活动，可以丰富老年人的精神生活，提高他们的文化素养和技能水平，增强他们的社会参与度和自我价值感。同时，也有助于缓解人口老龄化带来的社会压力和家庭负担，促进社会的和谐与稳定。

老年教育不是为职业生涯做准备，也不是职业培训，它是一种特殊的教育形式，旨在满足老年人的特殊需求和兴趣。与普通教育、职业教育和专业进修教育不同，老年教育是根据老年人的生理和心理特征进行的。它的目的是使老年人增长知识、开阔视野、丰富生活、增强体质。老年教育的对象是各个层次的老年人，包括那些已经退休或尚未退休的老年人。这种教育形式是为了满足老年人的精神需求和身心健康，帮助他们更好地适应社会和生活。在老年教育中，课程设置和教学内容往往与老年人的兴趣和生活息息相关。例如，一些课程可能包括养生保健、智能手机使用、绘画、音乐、舞蹈等。这些课程旨在满足老年人的不同需求和兴趣，帮助他们更好地享受晚年生活。老年教育的另一个重要方面是人际交往和情感交流。在老年教育中，通常会组织一些集体活动和互动学习，帮助老年人建立社交网络和增强社交技能。这些活动不仅有助于提高老年人的生活质量，也有助于缓解他们的孤独感和焦虑感。

二、老年文化教育的特点

（一）契合老年人生理与心理特点，课程设置丰富多彩

老年人的身体机能逐渐衰退，但他们的大脑仍然活跃，学习能力和求知欲不减。因此，老年文化教育注重适应老年人的生理特点，采用轻

松愉快的教学方式，避免过度劳累和压力过大。例如，课程可能包括一些轻松的健身活动、瑜伽、冥想等，以帮助老年人保持身体健康和精神平衡。同时，老年文化教育也注重老年人的心理需求。老年人往往面临着孤独、焦虑、失落等心理问题，因此，课程设置可能包括一些情感交流和人际交往的活动，帮助老年人建立社交网络、增强社交技能，缓解他们的孤独感和焦虑感。另外，老年文化教育的课程设置丰富多彩，涵盖了文化、艺术、科技、语言等多个领域。老年人可以根据自己的兴趣和需求选择不同的课程，满足他们的精神需求和好奇心。例如，一些课程可能包括绘画、音乐、舞蹈、书法等艺术类课程，让老年人发挥自己的创造力和想象力；还有一些课程可能包括养生保健、智能手机使用等实用技能类课程，帮助老年人更好地适应现代社会和生活。总之，老年文化教育应契合老年人的生理和心理特点，课程设置亦应丰富多彩，旨在满足老年人的精神需求和身心健康。通过这种特殊的教育形式，可以帮助老年人增长知识、开阔视野、丰富生活、增强体质，提高他们的生活质量和幸福感。

（二）强调社交和互动

老年文化教育注重老年人的社交和互动，通过组织各种活动和课程，让老年人之间有更多的交流和互动机会。例如，可以通过小组讨论、分享会等活动，让老年人之间有更多的互动和交流，促进他们的社会融入感和归属感。通过小组讨论和分享会等活动，老年人可以相互了解、分享经验、交流心得，从而建立起彼此的联系和友谊。这样的社交互动不仅可以满足老年人的社交需求，还可以促进他们的心理健康，帮助他们更好地适应晚年生活。此外，社交和互动还有助于提高老年人的生活质量和幸福感。当老年人感到自己被关注、被尊重、被接纳时，他们会更加积极地参与社会活动，发挥自己的作用和价值。这不仅可以让他们感受到自己存在的意义，还可以促进整个社会的和谐与稳定。

在促进老年人社交和互动方面，老年文化教育可以通过以下方式进行：组织各种社交活动和团体活动，让老年人能够结识新朋友和志同道合的人。比如，可以组织一些兴趣小组、俱乐部等，让老年人在参与中感受到社交的乐趣和互动的愉悦。提供互动课程和活动，让老年人在学习中进行交流和互动。比如，可以组织一些小组讨论、互动游戏等，让老年人在参与中感受到互相学习和互动的乐趣。倡导积极的老龄化观念，鼓励老年人积极参与社会活动和人际交往，让他们在社交中感受到社会的联系和互动。比如，可以通过宣传正能量、推广老年健康生活等方式，让老年人在生活中更加积极向上、自信乐观。提供社交平台和机会，让老年人能够与他人进行交流和互动，增强他们的社交圈子和社会联系。比如，可以组织一些社交活动、团体活动等，让老年人在参与中感受到社会的联系和互动。

总之，老年文化教育注重老年人的社交和互动，通过组织各种活动和课程，让老年人之间有更多的交流和互动机会。通过这种方式，可以增强老年人的社交能力和社会适应能力，同时也可以帮助他们建立更广泛的社交圈子和社会联系，享受幸福的晚年生活。

（三）关注个性化需求

老年文化教育注重老年人的个性化需求，为老年人提供定制化的学习体验。从老年人居住的社区着手，大力发展社区文化，将老年人喜爱的文化元素引入社区，如优秀家风家训、民风民俗、非遗文化等，用文化创意的方式进行包装，再用兴趣小组的方式组队学习、交流。① 例如，可以针对老年人的兴趣和需求，开设一些个性化的课程和活动，如舞蹈、书法、园艺等，以满足他们的个人爱好和兴趣。通过开设舞蹈、书法、园艺等个性化的课程和活动，可以满足老年人不同的个人爱好和兴趣。这样的课程和活动不仅可以丰富老年人的生活体验，还可以让他们感受到自己的价值和存在意义。此外，个性化的课程和活动还有助于提高老年人的积极性和参与度。当老年人发现自己感兴趣的课程或活动时，他们会更加积极地参与其中，发挥自己的创造力和想象力。这样的参与不

---

① 沈惠娜. 社区文创与老年教育的融合发展研究 [J]. 文化产业, 2022 (2): 139-141.

仅可以提高老年人的生活质量，还可以促进他们的身心健康。

在满足老年人的个性化需求方面，老年文化教育可以通过以下方式进行：提供多样化的学习课程和活动，满足老年人的不同兴趣爱好和需求。比如，有些老年人可能喜欢学习绘画、书法等艺术类课程，而另一些老年人可能更喜欢参加健身、舞蹈等体育类活动。针对老年人的不同文化背景和语言能力，提供个性化的学习方案和教材。比如，对于一些外语水平较低的老年人，可以提供中文学习课程和教材；对于一些来自不同地区的老年人，可以提供方言和文化传承等相关课程。根据老年人的身体状况和健康需求，提供定制化的健康管理和养生指导服务。比如，针对一些患有慢性疾病的老年人，可以提供专门的健康管理和养生指导服务，帮助他们更好地管理健康和提高生活质量。鼓励老年人积极参与社会活动和人际交往，让他们在社交中获得更多的快乐和满足感。比如，可以组织一些社交活动、旅游活动等，让老年人在参与中感受到快乐和满足。

总之，老年文化教育注重老年人的个性化需求，为老年人提供定制化的学习体验。通过提供多样化的学习课程和活动、个性化的学习方案和教材、定制化的健康管理和养生指导服务等方式，老年文化教育可以满足不同老年人的需求和期望，让他们在学习的过程中感受到自我价值和成长。同时也可以促进老年人与社会的联系和互动，增强他们的社会归属感和自我价值感，为他们创造更加美好的晚年生活。

（四）注重情感支持和关爱

我国已是全球第二大经济体，并取得了全面建成小康社会和脱贫攻坚的伟大胜利。老年人的物质需求已基本得到满足并在持续改善，而精神文化方面的需求日渐突出和迫切。老年文化教育注重对老年人的情感支持和关爱，通过与老年人的互动和交流，了解他们的需求和困扰，并提供相应的帮助和支持。例如，可以开设一些情感支持课程，如心理疏导、情感沟通等，以帮助老年人更好地处理情感问题。老年人面临着各种情感问题，如孤独、焦虑、抑郁等。通过开设情感支持课程，如心理疏导、情感沟通等，可以帮助老年人更好地处理情感问题。这样的课程可以提供专业的心理支持和情感关爱，帮助老年人缓解情绪压力、增强情感免疫力，从而更好地面对生活中的挑战。此外，与老年人的互动和交流还可以促进他们的社会融入感和归属感。当老年人感受到自己被关注、被理解、被关爱时，他们会更加积极地参与社会活动，发挥自己的作用和价值。这样的互动和交流不仅可以满足老年人的社交需求，还可以提高他们的心理健康和生活质量。

在对老年人进行情感支持和关爱方面，老年文化教育可以通过以下方式进行：提供情感支持和关爱平台，让老年人在学习和活动中感受到温暖和关怀。比如，可以组织一些关爱活动、志愿者服务等，让老年人在参与中感受到社会的温暖和支持。通过与老年人的互动和交流，了解他们的情感需求和困扰，并为其提供相应的帮助和支持。比如，可以提供心理咨询服务、情感支持热线等，让老年人在需要时能够得到及时的帮助和支持。倡导积极的老龄化观念，鼓励老年人积极面对生活中的挑战和困难，让他们在面对困境时保持乐观和坚强。比如，可以通过宣传正能量、推广老年健康生活等方式，让老年人在生活中更加积极向上、自信乐观。提供社交平台和机会，让老年人能够与他人进行交流和互动，增强他们的社交圈子和社会联系。比如，可以组织一些社交活动、团体活动等，让老年人在参与中感受到社会的联系和互动。

总之，老年文化教育注重对老年人的情感支持和关爱，通过与老年人的互动和交流，了解他们的需求和困扰，并提供相应的帮助和支持。通过这种方式，可以增强老年人的情感支持和归属感，帮助他们更好地适应社会和生活，享受幸福的晚年生活。

第二节　老年文化教育的场所

老年文化教育的场所是老年文化教育的展开和实施地，它不局限于老年大学，而是涵盖从家庭到社区，专业教育机构的多项内容。

一、家庭

家庭是老年文化教育的重要场所之一，老年人可以在家庭中与家人一起学习、交流和分享。在家庭中，家人可以教授老年人一些基本技能，如使用智能手机、电脑等，帮助他们更好地适应数字化时代的生活。这样的学习不仅可以让老年人更好地与家人保持联系，还可以让他们更加自信地面对生活中的挑战。此外，家人还可以与老年人一起参加一些文化活动，如听音乐、看电影、阅读等。这些活动不仅可以增强老年人的学习能力和认知能力，还可以促进家庭成员之间的互动和情感交流。通过共同参加文化活动，家人和老年人可以共同体验和学习新知识，从而增强彼此之间的了解和情感纽带。通过与家人一起学习、交流和分享，老年人可以更好地适应时代的变化，提高自己的学习能力和认知能力，同时也可以促进家庭成员之间的互动和情感交流。我们应该鼓励和支持在家庭中进行老年文化教育，为老年人提供一个更加充实、有意义的生活环境。

二、社区老年文化中心

社区老年文化中心是老年文化教育的重要场所之一，为老年人提供了一个丰富多彩的文化活动平台。在社区老年文化中心，老年人可以参加各种文化活动，如舞蹈、音乐、绘画、书法等。这些活动不仅可以满足老年人的精神需求和好奇心，还可以增强他们的社交能力和身体机能。例如，参加舞蹈和音乐活动可以让老年人感受到艺术的魅力，同时也可以锻炼身体的协调性和灵活性。参加绘画和书法活动可以激发老年人的创造力和想象力，同时也可以提高他们的手眼协调能力。此外，社区老年文化中心还可以为老年人提供一些健康服务和咨询服务，如健身活动、养生保健等。通过参加健身活动，老年人可以保持身体健康、增强体质。同时，养生保健咨询可以帮助老年人更好地了解自己的身体状况，掌握一些养生保健知识，从而更好地维护自己的健康。社区老年文化中心为老年人提供了一个集学习、交流、娱乐于一体的文化活动场所。通过参加各种文化活动和接受健康服务和咨询服务，老年人可以更好地享受晚年生活，提高自己的生活质量。

三、老年大学

老年大学是专门为老年人提供教育的机构，为老年人提供了一个学习知识、增长技能的平台。在老年大学，老年人可以学习各种课程，如历史、文学、艺术、科技等。这些课程不仅可以满足老年人的学习需求和兴趣，还可以帮助他们增长知识和技能。例如，学习历史可以增强老年人的文化素养，让他们更好地了解人类历史的发展进程。学习文学可以激发老年人的阅读兴趣和写作能力，让他们更好地表达自己的思想和情感。此外，老年大学还可以为老年人提供一些社交和娱乐活动，如文艺比赛、旅游等。这些活动不仅可以增强老年人的社交能力，还可以帮助他们拓展视野和丰富生活。例如，参加文艺比赛可以让老年人展示自己的才艺和表演能力，增强自信心和表现力。旅游活动可以让老年人走出家门，领略不同的风景和文化，拓展视野和丰富生活体验。

四、公园和公共广场

这些场所经常举办各种文化活动，如广场舞、太极拳、瑜伽等，吸引老年人参与。这些活动不仅可以丰富老年人的业余生活，还可以促进他们的身心健康。此外，一些公园和公共广场还设有图书馆、阅览室等设施，为老年人提供阅读和学习资源。这些设施可以让老年人更好地享受阅读和学习带来的乐趣，同时也可以提高他们的文化素养和知识水平。这些场所为老年人提供了丰富多彩的文化活动和阅读学习资源，让老年人更好地享受晚年生活，提高自己的生活质量。

五、图书馆和博物馆

这些机构为老年人提供了丰富的文化资源，包括书籍、文物、艺术品等。老年人可以在这里参加各种文化讲座、展览等活动，了解更多有关历史、文化、艺术等方面的知识。这些活动不仅可以拓宽老年人的视野，还可以提高他们的文化素养和审美水平。同时，老年人也可以借阅图书或参观博物馆来丰富自己的文化生活。图书馆和博物馆中收藏了大量的书籍和文物，可以让老年人更好地了解历史和文化，同时也可以欣赏到精美的艺术品和文物。

六、在线教育平台

通过在线教育平台，老年人可以学习各种课程，包括计算机基础、语言、健康养生等。这些课程可以满足老年人不同的学习需求和兴趣，让他们在晚年也能够不断学习和成长。同时，通过在线教育平台，老年人还可以与老师和其他学习者进行交流和互动。这不仅可以增强老年人的社交能力，还可以让他们更好地理解和掌握知识。随着科技的发展，老年人可以享受到更多、更好的学习机会和便利。这些在线教育平台为老年人提供了一个更加便捷和高效的学习途径，让他们在晚年也能够不断学习和进步。

总之，老年文化教育的场所多种多样，不同的场所具有不同的特点和优势。对于老年人来说，选择适合自己的场所进行学习和发展是非常重要的。老年教育是让老年人继续学习进行的教育活动。老年教育是终身教育体系的最后环节，也是最为薄弱的一个环节，而老年大学又是老年教育的重要组成部分。通过老年再教育，为老年人群体提供多内容、多层次的学习教育机遇，满足求知需求，充实老年人生，帮助老年人更好地融入社会，在终身教育体系中居于重要位置。

第三节　老年文化教育的内容与方式

老年文化教育的内容是在特定老年文化教育场所开展的活动主题。这一内容是庞杂的，本书列举其中常见的主题。老年文化教育方式是老年文化教育内容实施依赖的手段，促进老年文化教育的落地。

一、老年文化教育的内容

（一）老年书画教育

书画艺术能调节情趣，使人情志舒畅。书画是一种高尚的爱好和兴趣，它们都有着形象美、情境美和笔端墨趣，可资欣赏和享受。书画艺术是一种充满情感和想象力的表达方式，它可以传达出作者的情感、思想和创意。在欣赏书画作品时，人们可以感受到作者的情感和思想，也可以从中吸取到许多美好的元素，如形象美、情境美和笔端墨趣等。通过参与书画创作，人们可以陶冶自己的情操，提升自己的审美能力和创作能力。同时，书画创作还可以使人的业余时间、老年生活更充实、更有意义。在创作过程中，人们可以抒发自己的情感和思想，也可以从中感受到创作的乐趣和成就感。

（二）老年乐器教育

中老年人可以多学弹拨类乐器，比如西洋乐器中的钢琴、手风琴，国内传统的有二胡、琵琶等。有研究发现，练习弹拨类乐器有助于老年人达到肢体协调，可减少生活中摔跤的概率。以二胡为例，拉二胡时，左右手交替轻、重、缓、急，恰到好处，手指与人体心脏、大脑神经密切相关，灵活地运动手指，能够很好地促进人体手指末梢神经的血液循环，降低了心脏的血液回流及供血的压力，同时由于对呼吸及音乐节奏的和谐把握，心脏功能也参与了很好的有氧运动。古代医书记载："脾好音乐，丝竹才闻，脾即磨矣。"可见美妙的音乐，能够刺激脾胃，帮助消化。柔美的二胡音乐等，能有效促进消化腺分泌增加，帮助消化。此外，这类弹拨类乐器入门时间短，对练习者乐理要求低，比较容易学会。老年人学习乐器主要是为了增添情趣、丰富晚年生活，练习中不要求高求快。笛子这类吹奏型的乐器并不适合老年人，这类乐器需要靠气息通过笛管等引起震动，时间一长就会"伤气"，有损老人的身体健康，且这类乐器对气息要求比较高，需要遵循呼吸节律，掌握正确的吹奏方法，入门时间长，不适合老年人。

（三）老年饮食教育

科学合理的健康饮食习惯是保健的一个重要方面，可使身体健康生长；不良的饮食习惯则会导致人体正常的生理功能紊乱而患上疾病。恰当的饮食对疾病会起到辅助治疗的作用，帮助人体恢复健康。在当今社会，健康饮食已成为中老年的一门必修课。确实，科学合理的饮食习惯对于身体健康非常重要。不良的饮食习惯可能会导致各种疾病的发生，如肥胖、高血压、糖尿病等。相反，恰当的饮食可以帮助治疗疾病，促进身体健康。在中老年阶段，身体机能逐渐下降，更需要注意饮食的健康。中老年人应该保持营养均衡的饮食，摄入足够的蛋白质、维生素和矿物质，同时控制脂肪和糖分的摄入。此外，中老年人还应该避免暴饮暴食和过度饮酒等不良习惯，坚持适度的运动和锻炼，以保持身体健康。总之，健康饮食是中老年保健的重要方面之一。通过合理的饮食安排，中老年人可以保持身体健康，延缓衰老过程，享受幸福健康的晚年生活。

（四）老年舞蹈教育

舞蹈并非年轻人的专利，也有适宜老年人的舞蹈。无论是广场舞，还是专业舞蹈，它们都有助于老年人提高老年生活质量。首先，跳舞可以延缓衰老。跳舞是一种很好的腿部锻炼，常跳舞的人走路轻盈。跳舞是一种非常适合老年人的运动方式。通过跳舞，老年人可以锻炼腿部肌肉，提高身体的协调性和平衡感，改善心肺功能，增强身体的耐力和免疫力。这些都有助于老年人保持身体健康，延缓衰老过程，享受更加充实和幸福的晚年生活。其次，跳舞可以塑造体形。只要掌握要领，跳舞有助于重新塑造老年人形体。跳舞的动作通常比较优美、大方，这有助于老年人重新塑造身体形态，使身体更加挺拔、匀称。此外，跳舞还可以锻炼身体的柔韧性和灵活性，保持良好的姿势和体态，有助于预防骨质疏松和肌肉萎缩等老年常见问题。跳舞不仅可以重塑老年形体，让他们看起来更加年轻漂亮，还可以锻炼身体，预防老年常见疾病。跳舞是一种全身性的运动，可以锻炼身体的各个部位，如腰、背、臀、腿等。通过跳舞，老年人可以塑造出更加优美的身体线条，提高身体的美感。此外，跳舞还可以锻炼身体的柔韧性和灵活性。一些舞蹈动作需要身体的各个部位协同工作，如旋转、跳跃、弯腰等。这些动作可以增强老年人的肌肉力量和关节灵活性，有助于预防骨质疏松和肌肉萎缩等问题。另外，跳舞还可以促进身体的代谢和血液循环。在跳舞的过程中，老年人可以加快心跳和呼吸频率，增强心肺功能，促进血液循环。这有助于老年人保持身体健康，延缓衰老过程。最后，舞蹈有助于建立和扩展人际关系。老年人跳舞可以建立良好的新的人际关系，逐步扩展现有的人际关系。在跳舞的过程中，老年人可以结识新朋友，交流心得和感受，从而建立良好的人际关系。这对于老年人的心理健康和幸福感的获得有很大的帮助，可以让他们更加充实地享受晚年生活。通过与新朋友的交流和互动，老年人可以获得更多的信息和经验，更好地适应社会和生活。同时，良好的人际关系也可以提高老年人的心理健康和幸福感。此外，跳舞还可以帮助老年人缓解压力和情绪。在跳舞的过程中，老年人可以将内心的烦恼和压力释放出来，通过舞蹈动作来表达自己的情感和感受。这有助于老年人保持心理健康，缓解负面情绪。

二、老年文化教育的方式

通过创建课程、建立学习小组、利用网络资源等多种方式推动老年文化教育。

（一）创建有特色的文化课程

根据老年人的兴趣和需求，设计具有地方特色、历史特色或民族特色的文化课程，如书法、绘画、剪纸、太极拳等。王亦敏等人提出，可围绕地域性文化开展老年文化活动，打造具有当地社区特色的文化养老模式。[1] 这些课程可以增强老年人的文化认同感和归属感，同时也能满足

---

[1] 王亦敏，张惠雯. 区域文化在海滨老年社区中的应用模式 [J]. 包装工程，2018，39（18）：10-13.

他们多样化的学习需求。在地方特色方面，可以设计一些与当地历史、地理、民俗等相关的课程，如地方戏曲、民间音乐、传统手工艺等。这些课程可以让老年人更好地了解和传承当地的文化传统。在历史特色方面，可以设计一些与历史事件、人物等相关的课程，如古代历史、文物鉴赏、古诗词等。这些课程可以让老年人更好地了解和认识历史，增强他们的文化素养。在民族特色方面，可以设计一些与少数民族文化、风俗等相关的课程，如民族舞蹈、民族音乐、民族服饰等。这些课程可以让老年人更好地了解和认识不同的民族文化，促进民族团结和文化交流。创建有特色的文化课程需要根据老年人的兴趣和需求来设计，同时也要注重课程的实用性和趣味性。通过这些课程，老年人可以增强自己的文化素养和文化认同感，同时也可以享受更加丰富多彩的学习生活。

（二）开展互动式学习活动

组织一些互动式学习活动，如小组讨论、角色扮演、互动游戏等，让老年人在轻松愉快的氛围中学习新知识、掌握新技能。在小组讨论中，老年人可以与他人分享自己的经验和见解，交流思想和观点。这不仅可以拓宽老年人的视野，也可以提高他们的思维活跃度和社交能力。在角色扮演中，老年人可以扮演不同的角色，体验不同的人生经历。这不仅可以增强他们的表演能力和想象力，也可以帮助他们更好地理解自己和他人。在互动游戏中，老年人可以通过游戏的方式学习新知识、掌握新技能。例如，他们可以通过益智游戏来锻炼大脑思维能力和反应能力，通过运动游戏来锻炼身体素质和协调能力。开展互动式学习活动可以让老年人在轻松愉快的氛围中学习新知识、掌握新技能。这样的活动可以增强老年人的参与感和互动性，激发他们的学习兴趣和热情，让他们更加积极地参与社交活动。

（三）举办文化讲座和展览

定期邀请专家学者或民间艺人，为老年人讲解历史、艺术、文化等方面的知识，或举办相关主题的展览。这可以让老年人了解更多的文化背景和知识，拓宽他们的视野。可以邀请专家学者或民间艺人为老年人讲解历史、艺术、文化等方面的知识，帮助他们更好地了解和认识传统文化和现代文明。这样的讲座可以增强老年人的文化素养和历史意识，让他们更加珍惜和传承传统文化。举办相关主题的展览可以让老年人欣赏到优秀的艺术作品或文化遗产，增强他们的审美能力和文化修养。同时，展览还可以促进文化交流和互动，让老年人在欣赏的同时也能积极参与讨论和交流。举办文化讲座和展览可以让老年人了解更多的文化背景和知识，拓宽他们的视野。

（四）组织文化体验活动

安排老年人参观历史文化遗址、博物馆、纪念馆等，或体验一些传统手工艺制作，如陶艺、编织等。这些活动可以让老年人亲身感受和体验文化的魅力，增强他们的文化自信和认同。推动文化养老高质量发展是建设社会主义文化强国、引导广大老年人听党话跟党走、提升老年人幸福感的迫切需要。[①] 体验传统手工艺制作可以让老年人了解和掌握一些传统手工艺技能，参与手工艺品的制作过程。这不仅可以锻炼老年人的动手能力和协调能力，还可以让他们感受到传统文化的独特魅力。组织文化体验活动可以让老年人亲身感受和体验文化的魅力，增强他们的文化自信和认同。这不仅可以拓宽老年人的视野，也可以丰富他们的晚年生活，让他们在享受文化的同时也能积极参与社交活动。

（五）利用互联网资源

利用现代科技手段，为老年人提供线上学习资源，如视频教程、在线课程等。这可以满足老年人的个性化学习需求，同时也能帮助他们更好地适应数字化时代的生活。通过视频教程和在线课程，老年人可以在合适的时间和地点学习自己感兴趣的知识和技能。这些课程通常由专业的教师或专家制作和讲解，可以帮助老年人更好地了解和掌握知识。此外，线上学习资源还可以为老年人提供更加个性化的学习体验。老年人可以根据自己的学习进度和理解能力，自主选择学习的内容和难度，从

---

① 仇丽萍. 积极应对人口老龄化　推动文化养老高质量发展 [J]. 中共伊犁州委党校学报, 2022 (3)：78-82.

而更好地满足他们的个性化学习需求。同时，利用互联网资源还可以帮助老年人更好地适应数字化时代的生活。通过学习如何使用智能手机、电脑和其他电子设备，老年人可以更加方便地与家人和朋友沟通交流，获取信息，享受数字化生活的便利和乐趣。利用互联网资源可以为老年人提供更加多元化、便捷和个性化的学习途径，帮助他们更好地适应数字化时代的生活。这不仅可以满足老年人的个性化学习需求，也可以促进他们的社交参与和情感交流，让他们的晚年生活更加充实和有意义。

（六）建立学习小组

组织一些学习小组，让老年人共同学习和交流。这可以增强老年人的学习动力和合作精神，同时也能提高他们的学习效果和满意度。在学习小组中，老年人可以共同学习和交流，互相帮助和鼓励。通过与他人分享自己的经验和知识，可以激发他们的学习兴趣和热情，提高他们的学习效果和满意度。同时，建立学习小组还可以为老年人提供一个社交互动的平台，促进他们的社交参与和情感交流。在学习小组中，老年人可以结交新朋友，分享彼此的生活经验和情感故事，从而丰富他们的晚年生活。建立学习小组可以为老年人提供更多的学习机会和社交互动平台，增强他们的学习动力和合作精神。这不仅可以提高他们的学习效果和满意度，也可以促进他们的社交参与和情感交流，让他们的晚年生活更加充实和有意义。

（七）建立学习奖励机制

为老年人建立学习奖励机制，如颁发证书、给予小礼品等，以激励他们积极参与学习和活动。这可以提高老年人的学习积极性和参与度，增强他们的学习成就感。通过颁发证书和小礼品等奖励方式，可以让老年人感到自己的学习成果得到了认可和鼓励，增强他们的学习成就感。同时，这些奖励也可以激励老年人继续保持学习的热情和动力，持续参与学习和活动。此外，学习奖励机制还可以为老年人提供一个展示自己才能和学习的平台。通过参与学习和活动，老年人可以展示自己的学习成果和才能，与他人分享自己的经验和知识。这不仅可以增强他们的学习自信心，也可以促进他们的社交参与和情感交流。

总之，提供学习奖励机制可以激励老年人积极参与学习和活动，提高他们的学习积极性和参与度。这不仅可以增强他们的学习成就感，也可以促进他们的社交参与和情感交流，让他们的晚年生活更加充实和有意义。

第四节　老年文化教育的评价

老年文化教育在多个方面带来良好的效果，促进老年人文化需求的全面满足。同时，也有必要从多个角度进一步提升老年文化教育能力，提高老年文化教育的质量。

一、老年文化教育的效果

（一）有利于实现老年人的继续社会化，使他们更顺利地适应退休生活和新的社会角色

在老年阶段，人们面临着许多变化和挑战，包括社会角色的转变、生活方式的调整、人际关系的改变等。而老年文化教育可以为老年人提供一个新的平台，帮助他们更好地适应这些变化。通过文化课程的学习，老年人可以了解更多关于历史、文化、艺术等方面的知识，提高自己的文化素养和审美能力。同时，这些课程也可以帮助他们掌握一些新技能和技巧，如书法、绘画、手工艺等，从而增强他们的自信心和成就感。此外，老年文化教育还可以为老年人提供更多社交机会，结识新朋友、交流心得和感受。这可以缓解他们的孤独感和社交隔离感，提高他们的社交能力和人际关系。老年文化教育不仅可以帮助老年人巩固和更新知识，还能够促进他们继续社会化。通过参与学习活动，老年人可以结交新朋友、拓展社交圈子，增强社会参与感和归属感。同时，学习也可以帮助他们更顺利地适应退休生活和新的社会角色，提高自我价值感和自信心。在实现老年人的继续社会化方面，老年文化教育可以通过以下方式进行：提供与时代和社会发展紧密相关的课程和活动，让老年人了解

社会的新变化和趋势，更新他们的知识和技能。组织老年人参加志愿服务、社区活动等社会实践，让他们在实践中学习、成长，增强社会责任感和参与感。提供心理辅导和咨询服务，帮助老年人更好地应对生活中的挑战和困难，提高他们的心理健康水平。鼓励老年人积极参与社交活动和学习交流，拓展社交圈子，增强社交参与感和归属感。提供专业的教师和指导人员进行指导和帮助，让老年人在学习中不断进步、成长。总之，老年文化教育是实现老年人继续社会化的重要途径之一。通过参与学习活动和实践，老年人可以更好地适应退休生活和新的社会角色，提高自我价值感和自信心，同时也可以为社会发展作出贡献。

（二）增长文化知识，使未受过正式教育的老年人有机会学习文化知识，使已受过正式教育的老年人的文化知识得到更新

在老年文化教育中，可以根据老年人的兴趣和需求，设计相关的文化课程，如历史、文学、艺术、科学等。这些课程可以帮助老年人了解更多的文化背景和知识，提高他们的文化素养和认知水平。对于那些没有受过正式教育的老年人，他们可以通过老年文化教育的学习，弥补过去的遗憾，掌握一些基础的文化知识和技能。同时，这些课程也可以为他们提供更多社交机会，结识新朋友、交流心得和感受。而对于已受过正式教育的老年人来说，他们可以通过老年文化教育的学习，更新自己的文化知识和技能，保持自己的竞争优势。同时，这些课程也可以为他们提供更多社交机会，丰富他们的精神文化生活。在增长文化知识和更新知识方面，老年文化教育可以通过以下方式进行：提供多元化的课程和活动，包括文学、历史、艺术、科技等领域，满足不同老年人的学习需求。采用生动有趣的教学方式，如故事会、互动游戏、角色扮演等，激发老年人的学习兴趣和积极性。定期举办文化讲座、研讨会等活动，邀请专业人士为老年人讲解文化知识和最新发展动态。提供学习资源和支持，如图书馆、学习小组等，鼓励老年人自主学习和互相交流。针对老年人的特点和需求进行课程设计，注重实用性和趣味性相结合，提高老年人的学习效果和文化素养。总之，老年文化教育是增长文化知识和更新知识的有效途径之一。通过参与学习活动，老年人可以填补知识的空白、提高文化素养和综合素质，更好地适应社会发展的需求。同时也可以丰富老年人的精神生活，提高他们的生活质量和幸福感。

（三）掌握新的技术、技能，使那些身体健康并有重新就业愿望的老年人获得重新就业的能力和条件

随着人口老龄化的加剧，很多老年人面临着退休后的生活问题。他们可能身体健康，有重新就业的愿望，但苦于缺乏相关的技术、技能和知识。而老年文化教育可以提供一些实用的课程和培训，帮助他们弥补这些不足。随着互联网与信息化技术的持续发展，"线上+线下"的教学模式更多地进入文化养老与老年教育。① 例如，可以开设一些关于信息技术、互联网营销、电子商务等课程，帮助老年人掌握现代科技手段，了解新的经济形态和就业机会。同时，也可以提供一些职业规划、面试技巧等方面的培训，帮助他们更好地准备重新就业。此外，老年文化教育还可以为老年人提供一些社交机会，结识志同道合的朋友、交流经验和感受。这可以增强他们的社交支持和网络，提高他们的自信心和竞争力。

（四）丰富余暇生活，使老年人晚年生活过得更加充实和更富有意义

在老年阶段，人们不再像年轻时那样忙碌于工作和生活，有更多的时间和精力去追求自己的兴趣和爱好。而老年文化教育可以为老年人提供更多选择和机会，让他们根据自己的兴趣和需求去参与和学习。例如，可以开设一些关于音乐、舞蹈、戏剧等方面的课程，让老年人学习表演技巧、欣赏音乐和舞蹈等。这不仅可以丰富他们的精神文化生活，还可以让他们在学习过程中结识新朋友、交流心得和感受。此外，还可以组织一些文化体验活动，如参观历史文化遗址、博物馆、纪念馆等，让老年人亲身感受和了解历史文化。这可以增强他们的文化自信和认同，同时也可以丰富他们的旅游体验和文化知识。

---

① 赵宝泉. 做强老年特色产业　构筑"文化养老"标杆［J］. 中国报业，2021（5）：40-41.

（五）有利于构建学习型社会，提高全民族的文化素质

在老年文化教育中，老年人可以通过学习和交流，不断更新自己的知识和技能，保持思维活力和竞争力。同时，也可以通过影响家庭成员和社区居民，带动更多人参与学习型社会的建设。此外，老年文化教育还可以为全民族的文化素质提高作出贡献。老年人作为社会的重要群体，他们的文化素质和水平对整个社会的发展和进步都有着重要影响。通过老年文化教育的学习和交流，可以提升老年人的文化素养和生活质量，同时可以为年青一代树立榜样和标杆，促进全民族文化素质的提高。在构建学习型社会方面，老年文化教育可以通过以下方式进行：倡导终身学习的理念，鼓励老年人将学习作为一种生活方式和文化追求，持续更新知识和提高自身素质。推动教育资源的共享和普及，让更多的老年人有机会接受高质量的教育和文化熏陶，促进社会公平与和谐。促进不同年龄层之间的文化交流和互动，让老年人的丰富经验和智慧得到传承和发扬，推动社会文化的多样性和创新。倡导健康的生活方式和积极的生活态度，通过老年文化教育提高老年人的身心健康水平，为构建全民健康的社会提供支持。

总之，老年文化教育是构建学习型社会的重要途径之一。通过倡导终身学习、推动教育资源的共享和普及、促进不同年龄层之间的文化交流和互动等方式，推动社会文化的繁荣和发展。同时也可以增强老年人的社会参与感和自我价值感，为他们创造更加美好的晚年生活。

（六）增强人力资本积聚，带动社会经济增长

通过老年文化教育的学习和培训，老年人可以掌握新的技能和知识，提高自己的文化素质和竞争力。这些知识和技能不仅可以为老年人自己的生活带来更多的便利和乐趣，还可以为社会的经济发展作出贡献。例如，在老年文化教育中，可以开设一些关于创业、投资、市场营销等方面的课程，让老年人了解和学习相关的知识和技能。这些技能可以帮助他们在退休后继续参与社会经济发展，开办自己的小店、投资股票或创业等。这不仅可以促进社会经济的发展，也可以为老年人自己的晚年生

活提供更多的保障和安全感。此外，老年文化教育还可以促进人力资本的积聚。通过学习和培训，老年人可以掌握更多的知识和技能，这些知识和技能可以在代际传承和发扬，可以为年青一代提供指导和帮助，促进人力资本的积累和提升，从而带动整个社会经济的增长。

在增强人力资本积聚方面，老年文化教育可以通过以下方式进行：通过教育和培训，提高老年人的知识、技能和素质，增强他们的就业能力和市场竞争力，为经济发展提供更多的人才支持。推动老年文化教育的发展，可以带动相关产业的进步，如教育培训、旅游、健康等，为社会创造更多的就业机会和经济增长点。老年文化教育的发展可以促进社会创新和创造力的发展，推动新技术的应用和推广，为经济发展注入新的动力和活力。老年文化教育可以促进社会文化多样性的发展，推动文化产业的进步和繁荣，为经济增长提供更广阔的空间和机遇。

总之，老年文化教育是增强人力资本积聚的重要途径之一。通过提高老年人的知识、技能和素质，推动相关产业的发展，促进社会创新和创造力的发展等方式，老年文化教育可以带动社会经济增长，为社会创造更多的就业机会和经济增长点。同时也可以增强老年人的社会参与感和自我价值感，为他们创造更加美好的晚年生活。

（七）提高老年人的社会参与率，有利于和谐社会的构建

老年文化教育不仅关注老年人的身体健康和心理健康，还注重提高他们的社会参与意识和能力。通过参与老年文化教育的学习和活动，老年人可以更好地融入社会，增强社会责任感和归属感。例如，在老年文化教育中，可以组织一些志愿服务活动，让老年人参与其中，为社会作出贡献。这些活动可以包括社区服务、公益活动、文化传承等，让老年人发挥自己的经验和技能，为社会和他人作出贡献。这不仅可以提高老年人的社会参与率，也可以促进社会的和谐和稳定。此外，老年文化教育还可以为老年人提供展示自我、结交朋友、交流心得的机会。通过参与学习和活动，老年人可以与同龄人一起分享经验、交流感受，增进彼此之间的了解和信任。这可以促进社会的交流和互动，减少代际之间的隔阂和误解，有利于和谐社会的构建。

在提高老年人的社会参与率方面，老年文化教育可以通过以下方式进行：提供多元化的学习课程和活动，让老年人有机会参与各种文化、艺术、体育等活动，扩大他们的社交圈子和社会参与度。鼓励老年人积极参与社区服务和公益活动，通过为社区作出贡献来增强他们的社会责任感和参与感。提供平台和机会，让老年人展示自己的才艺、经验和智慧，如文艺演出、书画展览、经验分享会等，让他们在展示中获得更多的认可和肯定。倡导积极的老龄化观念，让老年人意识到自己在社会中的价值和作用，激发他们的活力和参与意愿。提供志愿服务和培训课程，帮助老年人更好地适应社会发展的需求，提高他们的社会参与能力和意识。

总之，老年文化教育是提高老年人社会参与率的重要途径之一。通过提供多元化的学习课程和活动、鼓励老年人参与社区服务和公益活动、提供展示平台等方式，老年文化教育可以增强老年人的社会责任感和参与感，提高他们的社会参与率和贡献度。同时也可以促进和谐社会的构建，让老年人感受到自己在社会中的价值和作用，为他们创造更加美好的晚年生活。

（八）提高老年修养，有利于老年精神文明建设

老年修养不仅包括物质层面的保障，也包括精神层面的关怀和满足。通过提高老年修养，可以为老年人提供更加舒适、健康、安全的生活环境，从而让他们感受到社会的关爱和尊重。同时，老年修养还包括对老年人的心理健康和精神需求的关注和满足。通过为老年人提供情感支持、心理疏导、文化娱乐等活动，可以促进他们的心理健康和精神文明建设。例如，可以开设一些文化活动、健身活动、志愿服务等，让老年人积极参与其中，感受到自己的存在意义和价值。此外，提高老年修养还有助于促进家庭和睦、社区和谐。当老年人的生活质量和精神需求得到满足时，他们会更积极地参与家庭和社区活动，与家人和邻居建立良好的关系。这样的互动不仅可以促进家庭和睦、社区和谐，还有助于构建一个

更加文明、和谐、稳定的社会。

在提高老年修养方面，老年文化教育可以通过以下方式进行：提供丰富多彩的文化、艺术、体育等课程和活动，让老年人在学习和参与中感受到快乐和满足，提高他们的生活质量和修养水平。注重老年人的心理健康，提供心理咨询和心理辅导服务，帮助老年人解决生活中的困扰和问题，增强他们的心理韧性和适应能力。倡导积极的老龄化观念，鼓励老年人积极参与社会活动和人际交往，让他们保持与社会的联系和互动，避免孤独和失落感。提供健康管理和养生指导服务，帮助老年人养成良好的生活习惯和健康的生活方式，增强他们的身体健康和免疫力。推动社会各界加强对老年人的关注和支持，为老年人提供更多的福利和服务，让他们感受到社会的温暖和关怀。

总之，老年文化教育是提高老年修养的重要途径之一。通过提供丰富多彩的学习和活动、注重心理健康、倡导积极老龄化观念等方式，老年文化教育可以提高老年人的生活质量和修养水平，有利于老年精神文明建设。同时也可以增强老年人的社会归属感和自我价值感，为他们创造更加美好的晚年生活。

二、老年文化教育的提升

（一）增加投入

增加投入是提升老年文化教育的重要基础。政府和社会应该加强对老年文化教育的重视和支持，提供更多的资金和资源来建设针对老年人的学习场所和活动设施。建立专门的老年人图书馆和文化中心，可以提供适合老年人学习需求和兴趣爱好的资源和服务。这些图书馆和文化中心可以收藏适合老年人的书籍、期刊、报纸等学习资源，同时也可以提供一些文化娱乐设施和活动，如书法、绘画、音乐、舞蹈等，以满足他们的文化娱乐需求。除了建设硬件设施，政府和社会也可以通过提供资金和资源支持来鼓励社会组织和企业参与老年文化教育活动。例如，可以资助一些老年文化教育项目、活动和课程，以吸引更多的老年人参与其中，提高他们的文化素养和生活质量。总之，增加投入是提升老年文化教育的关键。政府和社会应该加强对老年文化教育的重视和支持，提供更多的资金和资源来建设针对老年人的学习场所和活动设施，并鼓励社会组织和企业参与老年文化教育活动，共同推动老年文化教育的提升和发展。

（二）开展多样化课程

开展多样化课程是提升老年文化教育的重要举措之一。老年教育分为人力资源开发型、康乐型、综合型等不同类型。当前教育实践中以综合型居多，在不同的项目或专业教育中设置不同的培养目标，或以老年人力资源开发型为特色，或以康乐型为重点。[①] 针对老年人的兴趣和需求，开展多样化的课程，可以满足他们的不同需求和兴趣爱好，帮助他们发展自己的才能和潜力。书法、绘画、音乐、舞蹈、戏剧等课程都是非常适合老年人的学习内容。书法和绘画可以帮助老年人提高自己的审美水平和艺术修养，同时也可以帮助他们放松心情，减轻压力。音乐、舞蹈和戏剧可以帮助老年人发展自己的音乐、舞蹈和表演才能，同时也可以为他们提供社交互动的机会，促进他们的社交参与和情感交流。在开展多样化课程时，需要注意：针对老年人的兴趣和需求进行课程设计，考虑到他们的身体状况和学习特点，确保课程内容的适宜性和实用性。提供专业的教师和教练进行指导和教学，以确保课程质量和效果。提供适当的学习资源和设施，如书籍、乐器、舞蹈室、戏剧舞台等，以满足老年人的学习需求。定期组织课程评估和反馈活动，了解老年人的学习情况和需求，及时调整课程内容和教学方式。总之，开展多样化课程是提升老年文化教育的重要措施之一。通过为老年人提供多样化的学习资源和活动，可以满足他们的不同需求和兴趣爱好，帮助他们发展自己的才能和潜力，提高他们的文化素养和生活质量。

---

① 张少芳. 老年教育体系构建的原则、影响因素及路径选择 [J]. 成人教育，2019，39（8）：41-46.

（三）推广数字化教育

推广数字化教育是提升老年文化教育的重要趋势之一。利用现代科技手段，为老年人提供数字化教育资源，可以帮助他们更好地适应数字化时代的生活，提高他们的学习效果和满意度。在线课程和视频教程是数字化教育的两种主要形式。在线课程可以通过网络平台提供各种课程资源，如文学、历史、哲学、科学等，以满足老年人的不同学习需求。视频教程可以通过视频形式提供各种技能培训和知识普及，如计算机操作、健康养生、家庭理财等，以帮助老年人掌握一些实用技能和知识。在推广数字化教育时，需要注意：提供适合老年人的数字化教育资源，考虑到他们的视力和听力等身体状况，确保课程内容的清晰度和音量适宜。提供易于使用的数字化教育平台和工具，如在线课程平台、视频教程软件等，以方便老年人使用和学习。针对老年人的学习特点和需求进行课程设计，以实用性和趣味性为主，吸引老年人的学习兴趣和动力。提供专业的教师和教练进行指导和教学，以确保数字化教育的质量和效果。加强数字化教育的宣传推广工作，让更多的老年人了解和参与其中，提高他们的学习效果和满意度。总之，推广数字化教育是提升老年文化教育的重要趋势之一。通过为老年人提供数字化教育资源，可以帮助他们更好地适应数字化时代的生活，提高他们的学习效果和满意度，同时也可以促进社会的数字化发展。

（四）建立更广泛和多元的学习小组

建立学习小组是提升老年文化教育的重要措施之一。组织学习小组，让老年人共同学习和交流，可以增强他们的学习动力和合作精神，提高他们的学习效果和满意度。同时也可以为老年人提供一个社交互动的平台，促进他们的社交参与和情感交流。在学习小组中，老年人可以一起学习课程、讨论问题、分享经验，互相帮助和鼓励。这样的学习环境可以激发老年人的学习兴趣和学习动力，提高他们的学习效果和满意度。同时，学习小组也可以为老年人提供一个社交互动的平台，让他们结交新朋友、分享生活经验和情感，促进他们的社交参与和情感交流。在建立学习小组时，需要注意：组织者需要提前了解老年人的学习需求和兴趣爱好，根据需求进行分组和学习内容设计。提供适当的学习资源和设施，如书籍、报刊、计算机等，以满足老年人的学习需求。定期组织小组讨论和交流活动，鼓励老年人发表自己的看法和分享经验，促进他们的互动和交流。提供专业的教师和教练进行指导和教学，以确保学习小组的质量和效果。针对老年人的身体状况和学习特点进行小组活动设计，以实用性和趣味性为主，吸引老年人的学习兴趣和动力。总之，更广泛和多元地建立学习小组是提升老年文化教育的重要措施之一。通过组织学习小组，让老年人共同学习和交流，可以增强他们的学习动力和合作精神，提高他们的学习效果和满意度。同时也可以为老年人提供一个社交互动的平台，促进他们的社交参与和情感交流。

（五）提供更多的实践机会

提供实践机会是提升老年文化教育的重要环节之一。通过实践，老年人可以将所学知识应用到实际生活中，更好地掌握技能和知识。同时也可以增强他们的学习成就感和自信心，让他们更加自信地面对生活。志愿服务、社区活动和文艺比赛都是非常适合老年人的实践机会。通过参加志愿服务，老年人可以发挥自己的余热，为社会作出贡献，同时也能够结交新朋友、拓展社交圈子。社区活动可以让老年人参与社区建设、维护社区环境等，增强他们的社会责任感和参与感。文艺比赛可以让老年人展示自己的才艺和所学知识，增强他们的学习成就感和自信心。在提供实践机会时，需要注意：根据老年人的兴趣和需求进行实践内容设计，考虑到他们的身体状况和学习特点，确保实践内容的适宜性和实用性。提供适当的学习资源和设施，如场地、道具、服装等，以满足老年人的实践需求。定期组织实践交流和反馈活动，了解老年人的实践情况和需求，及时调整实践内容和方式。提供专业的教练和指导人员进行指导和帮助，以确保实践活动的质量和效果。鼓励老年人积极参与实践活动，让他们展示自己的才能和所学知识，增强他们的学习成就感和自信心。总之，提供实践机会是提升老年文化教育的重要环节之一。通过组织实践活动，可以让老年人将所学知识应用到实际生活中，增强他们的学习成就感和自信心。同时也可以为老年人提供一个社交互动的平台，扩大他们的社交参与和情感交流。

（六）培养优质师资力量

培养优质师资力量是提升老年文化教育的重要保障之一。加强对老年文化教育师资力量的培养，提高教师的专业素质和教育水平，可以确保老年文化教育的质量和效果。同时，邀请专业的教师和专家为老年人提供培训和指导，也可以提高老年人的学习效果和质量。在培养师资力量时，需要注意：加强对教师的专业培训和教育，提高他们的教学水平和专业素质。提供适当的教学资源和设施，如教材、教具、多媒体设备等，以满足教师的教学需求。定期组织教师交流和反馈活动，了解教师的教学情况和需求，及时调整教学内容和方法。邀请专业的教师和专家为老年人提供培训和指导，提高老年人的学习效果和质量。鼓励教师积极探索新的教学方法和手段，以更好地满足老年人的学习需求和提高他们的学习兴趣。总之，培养师资力量是提升老年文化教育的重要保障之一。加强对老年文化教育师资力量的培养，提高教师的专业素质和教育水平，可以确保老年文化教育的质量和效果。同时，邀请专业的教师和专家为老年人提供培训和指导，也可以提高老年人的学习效果和质量。

（七）加强宣传推广

加强对老年文化教育的宣传推广，通过媒体、宣传栏、社交平台等多种渠道进行宣传推广，可以覆盖更广泛的受众群体，吸引更多的老年人参与学习和活动。在宣传推广时，需要注意：针对老年人的需求和兴趣进行宣传内容设计，以吸引他们的注意力和兴趣。制作具有吸引力和感染力的宣传材料和视频，突出老年文化教育的特色和优势。利用多种渠道进行宣传推广，如媒体报道、广告投放、社交平台推广等，以扩大宣传范围和影响力。在宣传中强调老年文化教育的重要性和价值，提高老年人对学习的积极性和主动性。提供方便快捷的报名方式和咨询服务，让老年人能够轻松了解和参与学习活动。加强宣传推广是提升老年文化教育的重要措施之一。通过多种渠道的宣传推广，可以让更多的老年人了解和参与其中，提高老年文化教育的普及率和影响力。同时也可以为老年人提供一个交流和互动的平台，促进他们的社交参与和情感交流。

　　总之，提升老年文化教育需要政府、社会、家庭等各方面的共同努力。通过增加投入、开展多样化课程、推广数字化教育、建立学习小组、提供实践机会、培养师资力量以及加强宣传推广等多种手段，可以促进老年文化教育的提升和发展，提高老年人的文化素养和生活质量。

第七章　老年文化的传播媒介

老年文化传播媒介是面向老年人传播信息的各种媒介，经历了从纸质到网络媒介的历史变革。当代网络媒介为老年文化教育既带来了机遇，也带来多重挑战。

第一节　老年文化传播媒介的历史变迁

老年文化传播媒介经历了从纸质媒介到网络媒介的历史变迁，为老年文化的传播带来新的机遇，也促进了老年文化生活的提升。

一、老年文化传播的纸质媒介时代

在纸质媒介时代，老年文化是以书籍、报纸、杂志等形式传播的。老年人通过阅读这些纸质媒介来获取知识、了解时事以及与他人交流。

首先，老年人在纸质媒介时代通过书籍来获取知识。在图书馆或书店中，他们可以找到各种各样的书籍，包括历史、文学、哲学、艺术等不同领域的作品。通过阅读这些书籍，老年人可以不断强化自己的认知能力，增长见识，丰富自己的思想世界。在纸质媒介时代，书籍是老年人获取知识和丰富思想的主要途径。纸质书籍还具有比较好的阅读体验。老年人可以坐在舒适的椅子上，翻阅书本、独自沉思。纸张的质感和书页的翻动声，都给阅读带来一种独特的美感。而这种亲身参与的体验，可以帮助老年人更好地沉浸其中，加深对内容的理解和记忆。尽管现在数字化阅读已经越来越流行，老年人依然倾向于阅读纸质媒介。纸质书籍能够给老年人带来一种实实在在的触感和互动体验，让他们感受到从书本中获取知识和思想的独特魅力。

其次，老年人通过报纸和杂志了解时事和社会动态。通过报纸，老年人可以了解政治、经济和社会的最新发展，让自己保持对这些热点话题的认知。同时，报纸也提供了关于体育比赛和娱乐活动的报道，让老年人能够获取体育赛事和娱乐圈的动态。杂志则提供了更广泛的内容，不仅可以满足老年人对新闻的需求，还涵盖更多的生活领域。健康是老年人关注的重要问题，杂志上的健康文章可以提供有关保健、常见疾病和医疗进展的信息。教育是终身学习的重要部分，老年人可以通过阅读教育杂志了解关于课程、培训和技能提升的机会。旅游和美食杂志可以帮助老年人规划旅行和制作美食，丰富他们的生活。时尚杂志可以为老年人提供关于服装、饰品和化妆品的建议，让他们在时尚领域保持自信和魅力。

此外，纸质媒介时代还有一种重要的媒介形式，那就是书信。老年人可以通过写信来与亲朋好友保持联系，分享自己的生活和思考。书信不仅是一种沟通工具，更是一种情感表达的方式。老年人可以借助书信来传递温暖和亲情。写信不仅可以帮助老年人保持社交联系，还能带给他们一种独特的满足感。首先，写信是一种亲密而贴心的沟通方式。对于老年人来说，书信是一种温暖而真实地传递情感的方式。他们可以在信中表达自己的关心和关爱，同时也能够感受到亲朋好友的关怀和回应。在电子媒介时代，老年人可能会因为技术的不熟悉而感到困惑和不安，但通过纸质书信，他们可以更加自在和舒适地与他人进行交流。其次，写信可以帮助老年人记录生活中的点滴和体验。随着时光的流逝，人们常常会忘记一些重要的时刻和感受。而借助书信，老年人可以将这些珍贵的回忆记录下来，不仅留给自己回味，还可以与亲朋好友分享。写信不仅是记录，更是反思和思考的过程，可以帮助老年人更好地理解自己和他人。最后，写信对老年人来说是一项身心健康的活动。写信需要使用大脑思考和表达，可以帮助老年人保持头脑的活跃和思维的灵活性。

此外，写信还需要用手书写，对手部肌肉也能起到锻炼的作用。写信不仅仅是文字的传递，更是身心的锻炼。总的来说，纸质书信作为一种重要的媒介形式，在老年人的生活中扮演着重要的角色。

总的来说，在纸质媒介时代，老年人通过书籍、报纸、杂志和书信等纸质媒介来获取知识、了解时事和与他人交流。这些纸质媒介为老年人提供了一个获取信息和提升自己的平台，同时也促进了老年文化的传承和发展。然而，纸质媒介时代也存在一些局限性，限制了老年人获取信息的速度和范围。

二、老年文化传播的网络媒介时代

（一）网络媒介时代的来临

在网络媒介时代，老年文化的流行和传播不再局限于传统的媒介，如电视、报纸和广播。随着互联网和数字技术的普及，老年人也成为网络媒介的受众和参与者。随着科技的迅猛发展，纸质媒介逐渐被电子媒介取代。老年人的阅读习惯也在逐渐改变，更多的老年人开始使用电子设备如平板电脑、手机等来获取信息和阅读内容。这种转变对于老年人来说既带来了便利，也带来了挑战。电子媒介为老年人提供了更丰富多样的内容。老年人可以通过电子书、电子报纸和在线杂志等获取最新的新闻、时事资讯和各种知识。这些电子内容不仅数量众多、种类繁多，而且更新速度快，老年人可以随时随地获取最新的信息和学习资料。同时，电子媒介也提供了更多的互动功能，老年人可以通过网络社交平台与他人交流和分享自己的观点和经验。电子媒介的使用对老年人的认知能力和学习能力提出了新的要求。电子设备的操作和电子内容的阅读对老年人来说可能是一项新的技能挑战。老年人需要学习如何使用电子设备，了解电子媒介的特点和优势，掌握基本的网络常识和安全知识。这需要老年人保持积极的学习态度和适应新事物的能力。此外，老年人在使用电子媒介时也需要注意信息的真实性和安全性。虽然电子媒介提供了海量的信息资源，但其中也难免存在虚假、误导性的信息。老年人需要学会辨别信息的真实性，提高对网络骗局和安全威胁的警惕性，保护自己的个人信息和财产安全。总的来说，电子媒介的普及为老年人带来了更多的信息资源和学习机会，同时也提出了新的挑战和需求。对于老年人来说，适应和利用电子媒介是一项重要的生活技能和学习任务，也是与时俱进、保持活力的必备能力。

（二）老年文化的网络媒介传播形式

老年文化的流行和传播逐渐扩展到各种数字媒体平台，如社交媒体、在线视频和电子阅读等。

第一，社交媒体成为老年人交流和分享的重要平台。越来越多的老年人开始使用社交媒体平台，如微信、微博等，通过与亲朋好友的互动来表达自己的生活见闻和观点。老年人可以通过社交媒体与他人分享自己的经历和智慧，也可以从其他人的分享中获取新的知识和信息。这种交流形式促进了老年文化的传播和流行。近年来，随着科技的发展和数字化的普及，社交媒体已经渗入了人们生活的方方面面。不仅年轻人成为社交媒体的重要用户群体，老年人也越来越多地加入了这个群体。社交媒体对老年人来说有许多吸引之处。首先，社交媒体为老年人提供了一个与家人和朋友保持联系的平台，他们可以通过上传照片、发布状态和用文字聊天的方式与他们的亲友交流。尤其是对于那些生活在不同地方的老年人来说，社交媒体的出现使他们能够更方便地跟进家人的日常生活及动态。其次，社交媒体也为老年人提供了一个分享自己的经历和见解的平台。许多老年人都有着丰富的人生经历和宝贵的智慧，通过社交媒体，他们可以与其他人分享这些宝贵的经验和见解，同时也可以学习其他人的知识和经验。这种互动的过程不仅有助于老年人保持思维的活跃，还可以提高他们的社交能力和自信心。此外，社交媒体还可以为老年人提供娱乐和信息的渠道。老年人可以关注感兴趣的公众号、订阅有趣的新闻和文章，了解时事动态和社会热点。他们还可以通过观看和分享有趣的视频、音乐等内容来放松自己，陶冶情操。然而，社交媒体对老年人也存在一些挑战。首先，对于那些不熟悉数字技术的老年人来说，学习使用社交媒体平台可能需要一些时间和耐心。此外，老年人还需要警惕网络安全问题，如诈骗、虚假信息等。为了促进老年人的社交媒体使用，社会应该建立相应的支持体系，如开设社交媒体培训班，为老年人提供技术支持和指导，并对其加强网络安全教育。同时，社交媒体平台也应该考虑老年人的特殊需求，提供更简单易用的界面和功能。总之，社交媒体的兴起为老年人提供了一个新的交流和分享的平台，有助于他们保持社交联系、分享经历和见解，并获得娱乐和信息。我们应该鼓励老年人积极参与社交媒体，同时也要关注他们在使用过程中的问题和需求，为其提供支持和帮助。

第二，在线视频平台也为老年人提供了丰富多样的文化内容。老年人可以通过在线视频平台观看电影、电视剧和纪录片。这些平台不仅提供了国内外的经典作品，也为老年人创造了更多属于他们自己的文化产品。老年人可以根据自己的喜好选择观看，且可以随时随地通过智能手机、平板电脑或智能电视等设备方便地获取这些内容。这些在线视频平台为老年人提供了广泛的文化内容选择。老年人可以通过这些平台观看各种类型的电影，包括经典电影、爱情电影、动作电影和喜剧片等。他们还可以观看各类电视剧，如古装剧、都市剧、悬疑剧和家庭剧等。此外，老年人也可以通过在线视频平台观看各种纪录片，如地理纪录片、历史纪录片和动物纪录片等，拓宽自己的知识面。在线视频平台为老年人提供了便捷的观影方式。老年人可以根据自己的喜好，随时随地选择合适的影片，在家中或是旅途中轻松观赏。他们可以自由调整观影时间和观影地点，不受限于电视节目的播出时间和地点。通过在线视频平台观看影片还有其他的优势。一方面，老年人可以随时暂停、回放或者重温自己喜欢的场景，深入理解剧情和细节。另一方面，这些平台还提供了多语种和多字幕选项，老年人可以根据自己的需要选择合适的语言和字幕，方便理解和欣赏。在线视频平台还为老年人提供了交流的机会。老年人可以在社交媒体平台上与其他观众分享自己的影片观感和意见，与他人交流观影心得和互动。在这个过程中，老年人可以结识一些志同道合的朋友，共同欣赏影片，丰富自己的精神生活。

总之，在线视频平台为老年人提供了丰富多样的文化内容选择，方便快捷地观看电影、电视剧和纪录片，同时也带来了交流的机会。因为老年群体对于大量的信息的接受能力远不如年轻人，所以为了减少老年群体在搜索信息时烦琐的过程，可以尽量精简推送的信息，将大部分老年人感兴趣的信息集中放在一个板块①。老年人通过利用这些平台，可以拓宽自己的视野，丰富自己的生活，享受精神上的愉悦。

此外，电子阅读也为老年人开辟了一片新天地。老年人可以通过Kindle、iPad 和其他电子阅读设备阅读各种图书、报纸和杂志。电子阅读不仅为老年人提供了更加方便的阅读方式，还可以通过调整字体大小和背光亮度等功能来适应老年人的视力需求。老年人可以通过电子书籍和电子报刊获取各种知识和信息，丰富自己的生活。老年人选择电子阅读设备有诸多便利之处。首先，方便携带。电子阅读设备通常比实体书轻便并且易于携带，老年人可以随身携带，无须担心书籍的重量。电子阅读设备的轻便性是许多老年人选择它的一个主要原因之一。其次，电子阅读设备可以根据个人需求调整字体的大小，老年人可以通过放大字体来提高阅读的舒适度。电子阅读设备具有可调整字体大小的特性，这一特点能够为老年人带来舒适的阅读体验。通过放大字体，老年人可以提高阅读的舒适度，减轻眼睛的疲劳感，更容易集中注意力。第三，使用电子阅读设备添加书签和注释给老年人回顾和参考自己喜欢的内容提供了方便。它不仅避免了纸质书籍占用空间的问题，还提供了更方便的搜索和同步功能，以满足老年人的阅读需求。第四，许多电子阅读设备都有背光功能，老年人可以在光线不足的环境中仍然享受阅读。背光功能是电子阅读设备上的一个重要特性，它能够为老年人提供更好的阅读体验。在光线不足的环境中，如夜晚或昏暗的房间里，背光功能可以为屏幕提供光源，使得屏幕更加明亮、文字更加清晰，方便阅读。对于老年

---

① 卜嘉敏，戴蔓琳. 乡村文化振兴语境下老年人的媒介使用偏好研究：基于对淮安市 Y 镇的调查［J］. 东南传播，2020（5）：59-62.

人来说，视力可能已经有所下降，阅读变得更加困难。但是，有了背光功能，他们可以轻松地调节屏幕亮度和对比度，以适应自己的视力需求。无论是增加亮度以应对光线不足，还是降低亮度以避免眩光，背光功能都可以确保文字清晰可见，减少眼睛的疲劳和不适。第五，电子阅读设备可以存储大量的图书、报纸和杂志，老年人无须担心书架和空间的问题。电子阅读设备的出现给老年人带来了许多便利，其中之一就是不再需要书架和额外的空间来存放大量图书、报纸和杂志。老年人可以轻松地携带大量的阅读材料，并随时随地享受阅读的乐趣。这不仅节省了空间，还减轻了老年人的负担。

总的来说，网络媒介时代的到来为老年文化的传播和流行提供了新的机遇。老年人可以通过社交媒体、在线视频和电子阅读等渠道参与文化活动，分享自己的经验与智慧，也可以从中获取更多的知识和快乐。这种数字媒体的普及将推动老年文化的不断发展和演变。在网络媒介时代，老年文化的传承和发展变得更加多样化和活跃。老年人作为网络媒介的受众和参与者，可以通过互联网和数字技术更好地享受生活、交流互动，并为社会作出贡献。这有助于推动老年文化的繁荣和发展，促进社会对老年人的关注和尊重。

第二节　网络媒介对老年文化的影响

网络媒介是不同于传统的新媒介形式，为老年文化带来机遇和挑战。

一、老年文化网络传播的特征

（一）内容上适合老年人需求

老年文化的网络传播主要关注老年人的需求和兴趣，提供与老年生活相关的各种资讯和娱乐内容，例如养生保健、退休规划、旅游等。这些内容旨在为老年人提供有用的信息和娱乐的方式，满足他们对多样化内容的需求。老年文化网络传播的重要性日益增长，因为随着老龄化趋势的加剧，老年人也成为网络用户的重要群体之一。老年人有着丰富的生活经验和知识，他们对于养生保健、退休规划、旅游等内容的需求与兴趣也与年轻人不同。养生保健是老年人关注的重要话题之一。随着年龄的增长，健康问题成为老年人日常生活的主要关注点。老年文化网络传播媒介提供关于健康养生的知识和技巧，包括合理的饮食、适量的运动、药物的使用等。这些信息能够帮助老年人保持健康、延缓衰老，提高生活质量。退休规划是老年人另一个关注的重要领域。在退休之后，老年人需要面对生活方式和经济状况的改变。网络媒介传播老年文化时提供关于退休规划的建议和指导，包括理财、社交活动、兴趣爱好等方面的信息。这些内容能够帮助老年人充实退休生活，平稳过渡到新的生活阶段。旅游是老年人广泛关注的领域之一。随着经济条件的改善，老年人越发热衷旅游。网络媒介传播老年文化时可以提供各种与旅游相关的内容，包括旅游景点介绍、旅游规划、旅游安全等。这些内容能够帮助老年人选择适合自己的旅游目的地，增加旅途的趣味性和安全性。除了以上提到的养生保健、退休规划、旅游等内容，网络媒介传播老年文化时还可以提供其他与老年人有关的资讯和娱乐内容，例如绘画、音乐、阅读等。这些内容能够满足老年人对多样化、有趣的内容的需求，丰富他们的精神生活，帮助他们保持活力和快乐。

（二）用户友好的界面设计

网络媒介传播老年文化时通常针对老年人的特点进行界面设计，考虑老年人对于技术的接受能力和使用习惯，界面通常简洁明了，字体大小适中，图标和按钮易于辨认，操作流程简单易懂，以方便老年人浏览信息和使用功能。中国文化的影响使得大多数中国老年人需要适当的媒介关怀，即"需要媒体的光顾和呼吁，更需要自己的舆论阵地和精神援助，以赢得社会更广泛的承认与重视"。[①] 此外，网络媒介传播老年文化时还会结合老年人的需求，提供适合他们的内容和服务。例如，提供健

---

① 陈月华，兰云. 基于中国文化的老年群体媒介诉求分析 [J]. 现代传播（中国传媒大学学报），2010（9）：16-20.

康养生信息、兴趣爱好培养、社交互动等功能，以满足老年人对于健康、娱乐和交流的需求。值得一提的是，网络媒介传播老年文化时还应注意信息的真实性和可靠性，避免传播虚假信息和不良内容，以保护老年人的利益和权益。同时，界面设计要尽量避免强制推送广告和过于复杂的操作，以避免老年人感到困扰和困惑。总之，网络媒介传播老年文化时的界面设计应注重易用性、可理解性和符合老年人的特点和需求，通过简洁明了的界面、适合的内容和服务，为老年人提供便利的信息获取和社交互动的平台。

（三）社交互动功能

网络媒介传播老年文化时在内容外还会强调社交互动的重要性，老年人可以通过评论、分享、点赞等方式与其他老年人或者机构进行互动交流，增强社交网络和社区感。随着老龄化社会的迅速发展，老年人的文化需求也越来越重要。网络媒介传播老年文化时作为老年人获取信息和社交互动的重要平台之一，不仅提供丰富多样的内容，还强调社交互动的重要性。网络媒介传播老年文化时通过开设评论区，鼓励老年人对文章、视频等内容进行评论和讨论，提供一个广泛交流的空间。老年人可以在这里发表自己的观点、表达对内容的喜爱或批评，并与其他老年人分享自己的经验和见解。这种互动不仅促进了老年人之间的交流，也丰富了内容的多样性和深度。此外，网络媒介传播老年文化时还支持老年人通过分享功能将自己感兴趣的内容传播给其他人。老年人可以将自己觉得有价值的文章、视频分享到自己的社交圈子，进而引发更广泛的讨论和交流。通过分享，老年人不仅可以展示自己的兴趣爱好，还可以与其他人共同探讨、交流，增进彼此之间的了解和友谊。此外，网络媒介传播老年文化时还提供了点赞等互动功能，老年人可以通过点赞或收藏喜爱的内容表达自己的喜好和支持，与其他老年人产生共鸣，并通过这种方式建立起社交网络和社区感。总之，网络媒介传播老年文化时在强调内容的同时，也要重视老年人之间的社交互动。通过评论、分享、点赞等方式，老年人可以与其他老年人或机构进行无障碍的交流和互动，增强社交网络和社区感，使老年文化网络媒介成为一个充满活力、真实而有温度的平台。

（四）个性化推荐服务

网络媒介传播老年文化时通过用户的浏览历史和兴趣爱好，为老年人提供个性化的推荐服务，使他们能够更快速地找到自己感兴趣的内容和信息。老年人是一个重要的用户群体，他们对于网络媒介的需求也与年轻人有所不同。传统的媒体在满足老年人需求方面存在一些不足，因此，网络媒介传播老年文化时应该针对老年人的特点和需求，提供个性化的推荐服务，以便他们能够更快速地找到自己感兴趣的内容和信息。首先，网络媒介可以通过分析用户的浏览历史，了解用户的偏好和需求。通过这些数据，网络媒介可以建立老年人的个人档案，包括年龄、性别、教育背景、兴趣爱好等信息，从而更好地了解用户的需求。其次，网络媒介可以根据用户的个人档案，向其推荐相关的内容和信息。比如，一位老年人对养生保健感兴趣，网络媒介传播老年文化时可以向其推荐一些养生保健的文章、视频或活动信息；一位老年人对于旅游感兴趣，媒体平台可以推荐一些适合老年人的旅游目的地或旅游团信息。通过这样的个性化推荐服务，老年人能够更快速地找到自己感兴趣的内容和信息，提升使用体验。此外，老年文化网络媒介还可以通过与老年人的互动，收集用户的反馈意见和建议。通过用户的反馈，媒体平台可以不断改进推荐算法，提高个性化推荐的精准度和准确性。同时，媒体平台还可以通过用户的建议，增加一些老年人感兴趣的专栏、活动或功能，不断丰富平台的内容。总之，个性化推荐服务可以提升老年人的使用体验，促进老年人参与网络媒介的积极性和主动性。

（五）教育与培训功能

网络媒介传播老年文化时不仅提供休闲娱乐信息，还可以加入教育和培训的内容，帮助老年人学习新技能、拓展知识领域，以促进老年人的个人发展和社会参与。网络媒介在帮助老年人学习新技能和拓展知识领域方面发挥着重要作用。随着老年人互联网使用能力的提升，他们可以通过网络媒介进行在线学习和培训，以满足个人学习和发展的需求。首先，网络媒介提供了各种学习资源和教育平台，使老年人可以选择自己感兴趣的课程和学习内容。老年人可以通过在线课程学习新的技能，如电脑操作、社交媒体应用、数字摄影等，以适应现代社会的发展。此外，老年人也可以通过网络学习舞蹈、音乐、绘画等艺术类课程，提升自身素养和兴趣爱好。其次，网络媒介为老年人提供了便捷的学习方式。老年人不需要出门上课，只需在家中通过电脑、平板或手机等终端设备与网络媒介连接，就可以参与学习。这为身体不便或居住在偏远地区的老年人提供了便利，让他们能够享受到高质量的教育资源。此外，网络媒介还提供了在线社区和学习群体，让老年人能够与其他人进行交流和分享经验。在这样的社区中，老年人可以相互学习、互相激励，建立自己的学习网络，进一步促进个人发展和社会参与。这种在线学习社区也为老年人提供了社会交流的平台，减少了老年人因孤独和社交隔离而产生的负面影响。总之，网络媒介不仅仅是娱乐和信息的来源，它也为老年人提供了学习和培训的机会。通过在线学习，老年人可以不断更新知识、学习新技能，提高自身素质，积极参与社会生活。这也使得老年人的晚年生活更加充实和有意义。

二、网络媒介成为老年文化传播的机遇

随着互联网的发展和老年人口的增加，网络媒介逐渐成为老年文化传播的机遇。老年人群体在网络上的参与度和使用率逐渐上升，他们正在成为数字时代的主要使用者之一。因此，网络媒介的机遇日益显现。

第一，网络媒介可以为老年人提供便捷的信息获取渠道。通过互联网，老年人可以方便地了解各种老年文化活动、养生知识、老年教育等方面的信息。他们可以随时随地通过电脑、手机等设备获取这些信息，极大地丰富了其老年生活。网络媒介的出现使得老年人的信息获取变得更加便捷和灵活。过去，老年人只能通过报纸、电视等传统媒体了解相关信息，但这些媒体往往缺乏互动性和随时更新的特点。而借助互联网，

老年人可以轻松地浏览各种与老年文化相关的网站、社交平台、移动应用等，不仅能够获取信息，还能够与其他老年人进行交流和分享。首先，网络媒介可以为老年人提供各种老年文化活动的信息。在这些网络媒介上，老年人可以了解各种老年文化活动，比如艺术展览、戏剧演出、音乐会等。他们可以通过预订门票、查看活动日程等功能，方便地规划自己的时间，参与感兴趣的文化活动。其次，网络媒介还可以为老年人提供养生知识。养生是老年人关注的重要方面，通过网络媒介，老年人可以获得各种养生知识，包括健康饮食、适度运动、心理调节等。网上的健康养生网站、养生微信公众号等渠道，提供了专业的养生指导和建议，老年人可以据此调整自己的生活方式，保持身体健康。另外，网络媒介还可以为老年人提供老年教育的信息。随着老龄化趋势的加剧，老年教育逐渐受到重视。通过网络媒介，老年人可以了解各种老年教育课程、培训班、讲座等信息，参与自己感兴趣的学习活动。而且，网络媒介还提供了在线学习的机会，老年人可以通过网络学习平台学习自己感兴趣的知识，提升自己的能力和水平。总的来说，网络媒介的出现给老年人的生活带来了很大便利。通过互联网，老年人可以随时随地获取各种老年文化活动、养生知识、老年教育等方面的信息，丰富了他们的生活，提升了他们的生活质量。同时也给了老年人更多交流和学习的机会，帮助他们保持积极乐观的心态，享受愉快的晚年生活。

第二，网络媒介有助于老年人拓展社交圈。老年人往往面临孤独和寂寞的问题，而网络媒介可以提供虚拟的社交平台，让他们找到志同道合的朋友。通过在线社区、论坛、微信群等各种渠道，老年人可以与志同道合的人分享兴趣爱好、交流经验，建立起更多的社交联系，减少孤独感。网络媒介的发展为老年人拓展社交圈提供了更多的机会和便利。虚拟的社交平台不仅为老年人提供了一个交流的空间，还使他们能够找到和自己有共同兴趣爱好的朋友。

通过在线社区、论坛、微信群等各种渠道，老年人可以与其他志同道合的人分享自己的兴趣爱好、交流自己的经验。例如，有一些专门针对老年人的论坛或在线社区，老年人可以在其中找到有同样爱好的人，并进行深入的交流和互动。这不仅能够满足老年人对社交的需求，还可以促进他们的身心健康。在这些网络媒介中，老年人可以与其他人分享自己的生活经历、智慧和心得。这种交流和分享的过程可以帮助老年人减少孤独感，增加生活乐趣，提高生活质量。此外，网络媒介还为老年人提供了学习新知识和技能的机会。他们可以参与在线课程、研讨会等活动，不仅可以拓宽自己的知识面，还可以结识一些志同道合的人。通过与其他人一起学习和讨论，老年人可以感受到自己的价值和成长，增加自信心，并与他人建立起紧密的联系。总体而言，网络媒介的发展为老年人提供了更多的交流和社交机会。这对老年人的身心健康和生活质量都有着积极的影响

第三，网络媒介还为老年人提供了参与社会的机会。通过网络平台，老年人不仅可以发表评论、参与讨论，还可以分享自己的经历和观点，为社会贡献自己的智慧和经验，感受被重视和认同的愉悦。网络媒介也为老年人提供了学习和娱乐的机会。老年人可以通过网络平台了解最新的科技信息、文化活动、健康保健知识等，提升自己的知识水平和生活质量。他们可以在网上学习新技能、找到新的兴趣爱好，参加线上社团或组织，与其他老年人一起分享快乐。此外，网络媒介也为老年人提供了便利的生活服务。老年人可以通过网络平台购买日常用品、订购餐饮服务、预约医疗服务等，满足自身生活需求。这种便利的生活服务不仅节省了老年人的时间和精力，也减轻了他们的生活负担，提高了生活质量。网络媒介还为老年人构筑起社交网络。通过社交媒体平台，老年人可以与远方的亲友保持联系，分享生活经验和故事。他们可以加入老年人专属的网络社区，发现共同的兴趣爱好，结交志同道合的朋友。这些社交网络为老年人提供了交流和社交的机会，增强了他们的社会支持网络，促进了精神健康和生活满足感。值得注意的是，网络媒介的普及并不平衡，一些老年人由于缺乏网络意识、技能或设备，无法享受到其中的好处。因此，社会和政府应该加大对老年人网络培训和设备支持的力

度，确保老年人能够充分参与网络媒介中，享受数字化时代带来的便利和乐趣。

第四，网络媒介有助于推动老年文化的传承和发展。通过网络平台，老年人可以分享传统文化和技艺，让更多的年轻人了解和学习。同时，网络平台也为老年人提供了创作、发表作品的机会，促进了老年文化的创新与传承。老年文化在当今社会中扮演着非常重要的角色。随着年龄的增长，老年人拥有了丰富的生活经验和传统文化知识，这些宝贵的资源需要得到传承和发展。而网络平台的出现为推动老年文化的传承和发展提供了全新的途径。首先，网络平台可以促进老年人之间的交流与分享。老年人通过网络媒介可以随时随地与其他老年人进行交流，分享传统文化、技艺。他们可以用文字、图片、视频等形式展示传统技艺，让更多的人学习和了解。这样一来，不仅将老年人的技艺传承下去，还可以让更多的年轻人了解和感受老年文化的魅力。其次，网络平台为老年人提供了创作和发表作品的机会。老年人可以通过网络平台分享自己的创作，包括诗歌、文章、书法作品等。这不仅可以展示老年人的才华和创造力，还可以为他们提供一个广阔的舞台，让更多的人欣赏他们的创作。同时，网络平台也可以让老年人参与一些老年文化创新项目，促进老年文化的创新和发展。此外，网络平台的便捷性和普及性也为老年人提供了更多参与和了解传统文化的机会。老年人可以通过网络平台学习传统文化知识，包括历史、文学、音乐、舞蹈等。他们可以通过观看专题节目、听取专家讲座、参与在线学习等方式不断拓宽自己的知识面。同时，网络平台还可以为老年人提供便捷的购物、娱乐等服务，方便他们享受高品质的老年生活。综上所述，网络媒介的出现对于推动老年文化的传承和发展具有重要的意义。我们应该充分利用网络平台的优势，共同推动老年文化的传承和发展。

总之，网络媒介具有获取信息便捷、拓展社交圈、参与社会以及推动老年文化传承发展等特点。随着老年人群体在网络媒介中的活跃度不断提升，相信老年文化网络传播将会迎来更广阔的发展空间。

三、网络媒介对老年文化传播的挑战

随着老年人在网络和新媒体上的参与度不断增加，网络媒介在传播老年文化时面临一些挑战。这些挑战包括技术障碍、数字鸿沟、信息不对称等。数字鸿沟是指那些无法使用或不熟悉互联网的人与那些能够利用互联网的人之间的差距。

第一，老年人在技术上可能较为陌生。他们可能不熟悉如何使用各种数字设备和网络平台，如智能手机、平板电脑和社交媒体等。这就需要网络媒介提供更多的教育和培训机会，帮助老年人了解并适应新技术。老年人在技术上的陌生感可能是由于他们在成长过程中没有接触到现代科技。对于许多老年人来说，智能手机、平板电脑和社交媒体等数字设备和网络平台可能是一个全新的世界。他们可能不了解如何使用这些设备，也可能对它们的功能和安全性表示担忧。

为了帮助老年人适应新技术，社会需要给予他们更多的教育和培训机会。这可以通过建立网络媒介来实现。这类媒介专门针对老年人的需求和兴趣，提供有针对性的培训课程和教育资源；提供关于如何使用智能手机、平板电脑和社交媒体的教程。教程包括视频教程、文字教程和在线培训课程等多种形式，涵盖基本操作指南、隐私和安全设置、常见应用程序和社交媒体平台的使用技巧等内容。此外，老年文化网络媒介还可以提供与老年人相关的兴趣和娱乐内容，如健康养生、旅游、时事评论、人文艺术等。这些内容可以吸引老年人的注意，使他们更乐意使用数字设备和网络平台。为了确保老年人能够顺利适应新技术，还可以组织一些线下的培训活动和社区活动。这些活动可以提供实践机会，让老年人与其他老年人和专业人士交流和分享使用经验。总而言之，老年文化网络媒介可以为老年人提供更多的教育和培训机会，帮助他们了解并学习新技术。通过提供有针对性的教程和培训资源，以及组织线下活动，我们可以帮助老年人摆脱技术上的陌生感，使他们更好地融入数字化社会。

第二，老年人和年轻人之间存在数字鸿沟。年轻人通常更加熟悉和善于利用网络媒介，这导致老年人在获取信息和参与媒体活动方面处于劣势。为了解决这个问题，网络媒介需要考虑到老年人的需求和兴趣，提供容易理解和使用的界面和功能。此外，还可以通过社区志愿者等渠道，为老年人提供帮助和指导。首先，要了解老年人的特点和偏好，以便针对他们设计相关的媒体内容。例如，老年人对于对话和社会交流的需求通常比较高，可以考虑增加在线社交平台或论坛，促进老年人之间的交流和分享。其次，老年人对于创造性和娱乐性内容的兴趣也较为关注。通过提供音乐、影视、游戏等多样化的媒体内容，可以让老年人更加积极参与和享受其中。此外，老年人对于实用信息的需求也很重要。他们可能关注医疗健康、养老福利、金融理财等方面的信息，因此，在老年文化网络传播中提供专题文章、科普文章等内容，有助于满足老年人的需求。除了内容的设计，网络媒介还需要考虑到老年人的技术能力和使用习惯。简化界面、提供明确的操作指引、提供在线技术支持等措施，将有助于老年人更加轻松地使用和享受网络媒介。最后，老年文化网络媒介还可以通过与社区、机构等合作，开展线下活动和培训课程，帮助老年人提升数字技能和网络素养，从而更好地适应数字时代的发展。总之，网络媒介需要考虑到老年人的需求和兴趣，以缩小老年人与年轻人之间的数字鸿沟。通过针对老年人的内容设计、技术支持和培训等措施，可以帮助老年人更好地享受网络媒介的便利和乐趣。

第三，老年人可能面临信息不对称的问题。他们可能无法有效地筛选和判断网络上的信息的真实性和可靠性。网络媒介应该加强对信息的监管和评估，并提供可靠的信息来源，以避免老年人受到虚假信息的影响。网络平台可以设立相应的规则和政策，对上传的信息进行审查和核实。对于存在疑问的信息，应该进行更详细的审查，以确保其真实性和可靠性。此外，通过提供举报机制和专门的信息风险评估团队，及时处理和消除虚假信息。网络媒介还需要建立与权威机构和专家的合作关系，提供来自可靠机构和专家的信息，确保信息的真实性和准确性。同时，应该提供简明易懂的解释和指南，帮助老年人更好地理解和分析信息，以及识别虚假信息的特征。还有一个重要的方面是老年人的教育和培训。老年人应该接受网络素养和信息鉴别的培训，学习如何有效地搜索和评估信息的真实性。政府、社区组织和志愿者团队可以组织相关培训课程，帮助老年人提高对信息的理解和判断能力。总的来说，网络媒介应该加强对信息的监管和评估，并提供可靠的信息来源。同时，老年人也需要接受相关的教育和培训，提高网络素养和信息鉴别能力。只有通过共同努力，才能帮助老年人避免受到虚假信息的影响。

综上所述，老年文化的网络传播面临技术障碍、数字鸿沟和信息不对称等挑战。为了促进老年人在网络媒介中的参与和发展，需要加强教育培训、缩小数字鸿沟，并提供可靠的信息来源。这样可以帮助老年人更好地适应网络时代，享受数字化带来的便利和乐趣。在加强老年人在网络媒介中的参与和发展方面，教育培训是至关重要的一步。对于那些不熟悉互联网的老年人来说，学习如何使用电脑和互联网是一个必要的过程。政府和社会组织可以开设针对老年人的电脑和互联网培训课程，教授他们基本的电脑操作技能和互联网使用方法。这些课程可以包括浏览网页、使用搜索引擎、发送电子邮件、使用社交网络和购物等。另外，缩小数字鸿沟也是非常重要的。为了解决这个问题，政府可以提供互联网设备和网络的补贴，帮助老年人获得互联网的接入权。同时，还可以推广智能手机和平板电脑的使用，因为这些设备更易于操作和学习。为老年人提供可靠的信息来源也是至关重要的。由于老年人对网络的了解有限，容易受到虚假信息的误导，故政府可以推广一些专门为老年人提供信息的网站和应用程序，这些平台可以提供正规媒体、医疗健康、养老机构等方面的信息。此外，还可以设立专门的咨询热线和机构，为老年人提供在线信息咨询和辅助服务。总之，通过加强老年人的教育培训、缩小数字鸿沟和提供可靠的信息来源，可以促进老年人在网络媒介中的参与和发展。这不仅有助于老年人更好地适应网络时代，还可以帮助他们享受数字化带来的便利和乐趣。

第八章　老年文化产业

第一节　老年文化产业的内涵

一、老年文化产业的内涵

（一）文化产业的内涵

20 世纪初，西奥多和霍克海默在其合著的《启蒙辩证法》中，首次提出了"文化产业"这一专业术语。文化产业的英文 Culture Industry，可以翻译为文化工业，也可以翻译为文化产业。他们强调严格仔细区分文化产业和大众文化。对于文化产业，联合国教科文组织将其定义为：按照工业的标准生产、再生产、储存以及分配文化产品和服务的一系列活动。文化产业这种定义只重视工业生产的产品的四个生命周期，忽略了生产的相关服务①。

对于文化产业，《文化部关于支持和促进文化产业发展的若干意见》指出，文化产业是指从事文化产品生产和提供文化服务的经营性行业。文化产业是社会生产力发展的必然产物，是随着中国社会主义市场经济的逐步完善和现代生产方式的不断进步发展起来的新兴产品。2000 年，党的十五届五中全会首次提出："完善文化产业政策"，在政策的扶持下，我国政府和地方越来越重视文化产业。党的十七届五中全会首次提出

---

① 唐晶莹. 福建省老年文化产业对策研究［D］. 福州：福建师范大学，2013.

"推动文化产业成为国民经济支柱性产业"，进一步明确了文化产业在国家经济社会发展中的地位和作用。2007 年，党的十七大报告开始提出，发展现代产业体系。国家"十二五"规划纲要、"十三五"规划纲要、"十四五"规划纲要均提出要发展现代产业体系。"现代产业体系"是从西方借鉴过来的概念。西方国家提出现代产业体系是着眼于由工业经济向服务经济转型。在西方，现代产业体系概念的核心是强调发展现代服务业。与西方国家不同，我国提出发展现代产业体系重点是一、二、三产业均衡发展的产业体系。与发展现代产业体系相适应，2011 年，中央文件中开始提出"现代文化产业体系"概念。从 2011 年开始，"现代文化产业体系"这个概念一直沿用至今。党的二十大报告进一步提出，繁荣发展文化事业和文化产业，健全现代文化产业体系和市场体系。

（二）老年文化产业内涵

1. 老年文化产业的概念

老年文化产业是指以满足老年人精神文化需求、满足高层次生活需求为目标，向老年人提供商品和服务的综合性老龄产业。它是一种以满足老年人多样化、高层次需求为服务宗旨的市场经济化的产业概念①。

2. 老年文化产业与文化产业的关系

老年文化产业是专门针对老年人养老服务的产业，它专门为老年人群体提供文化产品与服务，以满足老年人精神需求、提高老年人晚年生活质量为目标。这是它与一般文化产业的最大区别②。老年文化产业在产品与服务的设计上要处处考虑其受众群体的特殊性。例如在文化产业中很红火的动漫业就不适合出现在老年文化产业的菜单上，老年人对动漫产品的接受程度大大低于年轻群体。除此之外，旅游业作为文化产业的一项支柱性服务产业，它在老年文化产业这个范畴中也有着不同的形象。适合老年人的旅游线路要考虑得更为周全，包括路线设计、住宿安排等环节都与一般人所适应的大不相同。简而言之，老年文化产业是文化产

①　唐晶莹. 福建省老年文化产业对策研究 ［D］. 福州：福建师范大学，2013.
②　同①.

业的一个分支，它是专门针对老年人群体的有"年纪"的文化产业，在其内容与涉及的领域上都从属于文化产业的大概念。

3. 老年文化产业发展的意义

文化产业的作用不仅局限于文化领域，其影响力、推动力、辐射力已经扩展到经济领域和社会生活范畴，老年文化产业也是如此，老年文化产业对经济和社会都产生了深远影响。

发展老年文化产业，要适应当前人口老龄化形势发展的需要。改革开放以来，我国综合国力不断增强，随着我国居民人均可支配收入的持续增长、科学技术的突飞猛进、医疗卫生条件的不断改善，我国人口老龄化程度也在不断加深。当老年人物质文化生活方面的需求得到充分的满足时，就会趋向于追求更高层次的精神文化生活，在文化方面的经济支出不断增加。大力发展老年文化产业，为老年人提供优质的文化产品，丰富老年人的精神文化生活，陶冶老年人的情操，满足老年人的精神文化需求，能够促进社会文明、稳定和团结。发展老年文化产业，生产和销售各种文化产品，能够推动经济增长、有效拉动内需、解决就业问题。老年文化产业作为一种服务型的产业，能够为社会提供大量的就业岗位，提供更广阔的就业空间。发展老年旅游、老年用品、老年养生休闲等老年文化产业，可以提供大量的就业岗位，在一定程度上解决了社会就业问题。

二、老年文化产业的内容

从老年文化产业生产过程的角度，依据文化产业中各个行业所发挥的功能、作用的不同，可以从生产、销售、服务三个领域进行分类。老年文化产业包括老年文化制造业、老年文化销售业、老年文化服务业。一是老年文化制造业，包括老年文化报社、老年文化出版社、老年文化杂志社、老年文化影视制作公司、老年文化音像制品公司、老年文化印刷厂、老年文化旅游用品厂、老年文化用品厂、老年文化工艺品厂、老年文化剧团、老年文化电影厂、老年文化书画院。二是老年文化销售业，包括老年书画商店、老年书报摊、老年音像制品店、老年花鸟市场、老年文化旅游用品商店、老年文体用品商店、老年古玩工艺品商店。三是老年文化服务业，包括老年文化博物馆、老年文化电视台、老年文化演出公司、文化娱乐场所、老年文化旅行社、老年旅游服务公司、老年文化纪念地、老年文化经纪人公司、老年艺术设计公司。①

第二节　老年文化产业的特征

老年文化产业是具有双重性质的产业，老年文化产业既属于经济领域又属于文化领域，因此，老年文化产业具有文化性和产业性的特性。

一、老年文化产业的"文化性"

文化性是"知识与信息""历史与传承""能力与学习"三位一体的综合体现。文化性并不是"文化"的单一属性，有知识并不等于有文化，文化应该是"知识+历史+能力"综合的结晶。

文化性是老年文化产业最基本的属性，体现着养老文化产业整个生产经营活动的本质，养老文化产业是围绕老年文化的生产、流通、传播等发生的产业活动，它是为了满足人类精神文化生活需求、实现人类社会文明发展的需要。② 老年文化产业的文化属性是由文化产品和文化服务的文化属性决定的。这种老年文化产品和服务的消费，是以各种物质形式为载体的精神文化消费，所承担的人类社会文化传承和文化建设是文化产业发展的基本功能。

老年文化产业的"文化性"体现在通过为社会提供优质的文化产品和服务，满足老年群体日益增长的精神文化需求。首先，老年文化产业传播科学文化知识，提高老年人的文化修养。老年文化产业的生产是通过对老年文化产品大规模的创造、复制，使老年文化产品广泛传播和扩

---

① 花建. 产业界面上的文化之舞 [M]. 上海：上海人民出版社，2002.
② 齐仁庆. 中国文化产业发展的价值取向问题研究 [D]. 长春：东北师范大学，2012.

散，发挥老年文化产品所蕴含的认知教育作用。无论是书报刊出版物，还是广播影视、文艺表演等，都能让老年人在消费老年文化产品或享受老年文化服务的同时，获得一定的科学文化知识，使他们了解社会，学习历史，学习社会和生活常识，扩大知识视野，丰富心灵世界。影视剧、书报刊、文艺演出等都包含着丰富的社会、历史、人文、科技等知识，增加了人们对自然、对社会和人生的了解，使老年人在消费老年文化产品的同时，自身的文化修养、文明素质、科学知识也得到丰富和发展。其次，老年文化产业传承人类社会文明和社会历史。人类社会文明发展史积淀了深厚的历史文化传统，是人类社会不断进步的根基。这些历史文化传统是老年文化产业得以发展的宝贵资源，是创造优秀文化作品的思想源泉；同时，老年文化产业也为优秀传统文化的传承提供了载体。老年文化产业使文化传统能得到更有效的传承与发展，一些濒临失传的文化作品或文化形态，通过老年文化产业形式得到保护。最后，文化产业促进各个国家和地区之间的文化交流。全球化促进各国之间相互交流和互学互鉴，计算机技术的发展、网络时代的到来，缩短了人们的时空距离，文化交流和文化贸易已成为各个国家文化产业发展中的重要选项。对我国来说，一方面是大量的文化产品出口，实现文化产业"走出去"战略，这样既可以把优秀的中华文化推向世界，增进各个国家对中华文化的认知和理解，增强我国文化的国际影响力；另一方面可以吸纳世界优秀文化产品的精华，为我所用，实现不同文化背景下的文化交融和对话，促进世界各国历史文化的交流，为发展我国文化产业提供更好的基础和更宽广的舞台。

世界文化产业的发展历程表明，文化产业在技术水平上不断更新升级，不仅改变了人们沟通交流的手段，而且增强了人类社会改造世界的方法和途径，推进了人类社会文明的发展和文化的进步。

二、老年文化产业的"产业性"

产业是社会分工和生产力不断发展的产物，它随着社会分工的产生而产生，并随着社会分工的发展而发展。作为在市场经济体制下运行的产业部门，老年文化产业除了满足社会大众精神文化需求，其主要功能就是实现经济利益的最大化。

老年文化产业的产业性体现在三个方面：老年文化产业能够带动国家经济的发展；老年文化产业在不断发展的过程中促使经济发展方式的变革；老年文化产业在不断发展的过程中带动上下游相关产业的快速发展，扩大社会就业岗位。

1. 老年文化产品的经济属性和老年文化产业能够促进社会经济增长

老年文化产品本身是一种商品，在市场流通中实现使用价值和交换价值的统一，具有鲜明的经济属性。[1] 由于老年文化产业的特殊属性，老年文化产品与普通物质产品相比，在内容和价值上具有自身的特殊性，老年文化产品毋庸置疑是人们脑力劳动和体力劳动的产物，是生产者创造性劳动表现出来的生产力要素的转化，劳动力的价值经过市场的转换，达到满足消费者精神文化生活需求的目的，从而通过使用价值体现出其具有的交换价值。老年文化产业为消费者提供丰富多样的文化产品和服务，实现了使用价值和交换价值，这就体现了老年文化产业的经济属性。这种经济属性体现出老年文化鲜明的产业性。

老年文化产业本身是一种产业，具有营利性。老年文化产业是指与老年相关的生产和经营文化产品的企业群，老年文化产业同其他从事生产和经营活动的产业部门一样具有经济属性，也是以追求利润增长、产品的价值补偿和实现企业增值为目标的。在老年文化产业整个生产经营过程中，无论是老年文化产品的生产，还是老年文化消费，都涉及市场经济活动中最基本的买卖行为，都会发生各种各样的经济关系，实现各自追求的经济目标。老年文化企业作为市场经营主体，它要考虑投入产出、成本核算、市场规律、盈利模式，等等。与老年文化产品生产者相对应，作为老年文化产品消费者实现的任何老年文化消费，都要遵循市场经济规律中的商品交换规则，通过商品交换，完成老年文化产品消费。

---

① 齐仁庆. 中国文化产业发展的价值取向问题研究 [D]. 长春：东北师范大学, 2012.

在这里，老年文化产业主客体的关系就表现为纯粹的经济行为和经济关系。调节这些生产、消费关系的市场经济规律，与对其他物质生产产业一样，同样适用于老年文化产业的生产和消费过程。

2. 老年文化产业的发展代表着经济发展方式的变革

在当今经济文化一体化的时代，知识成为发展经济最重要的资源，老年文化产业成为知识经济时代必不可少的产业部门。文化产业具有知识密集、技术含量高、附加值高、投入小、产出高的特点。同时，老年文化产业对人类生存环境还具有污染少或无污染的特征，符合当前世界经济发展的环保理念，发展绿色经济的时代要求①。

在各国进行的经济结构和经济发展方式的战略性调整中，伴随着高新技术向文化领域的渗透及电子出版、数字技术、网络传输在文化产业领域中的应用。例如，老年文化产业和信息产业的结合，使人类社会的文化传播模式由纸介质向电子化、数字化方向转变，潜移默化改变了经济发展方式。手机短信、网络传播等一些新型的老年文化产业形态正像当年电影发明后，给经济发展方式带来革命性变革一样，这些新的文化产业形态的迅猛发展，正在日益成为未来人类社会存在的重要方式。

3. 老年文化产业带动其他周边产业的发展，提供更多就业机会

老年文化产业在创造自身价值的同时，也促进相关产业的大力发展。如老年广播电视产业带动老年音像、老年影视、老年通信设备、老年广告展览等产品及服务市场的发展；老年文化娱乐业带动老年旅游、老年宾馆、老年餐饮、老年演艺市场的发展；各类老年文化设施的兴建带动老年制造业市场的发展，等等。与老年文化产业相关联的产业已经相当宽泛，老年文化产业的繁荣和兴盛，将会促进其他相关产业的迅猛发展②。同时，世界范围内各个国家城市化进程越来越明显，城市人口不断增加，随之带来就业压力，老年文化产业的大力发展不断扩宽城市的就业空间，在一定程度上解决了城市的就业压力问题。许多国家在产业调

---

① 齐仁庆.中国文化产业发展的价值取向问题研究［D］.长春：东北师范大学，2012.
② 同①.

整过程中形成的大量富余人员，就是通过老年文化产业的发展实现分消化流的。

第三节　老年文化产业的主要构成

老年文化产业按照不同标准可以细分为不同的产业类型，老年旅游产业、老年文化用品产业、老年养生休闲产业较为常见。

一、老年旅游产业

旅游是衡量人民生活水平的重要指标之一，是人民幸福美好生活的重要组成部分之一，老年旅游产业也因此被誉为"幸福产业"。随着我国老龄化程度的不断加深，我国社会越来越关注老年人文旅方面的幸福指数。大力发展老年旅游产业是应对当前人口老龄化的重要举措，也是提高老年人生活质量和构建和谐社会的必然要求，是社会经济发展本身的需要，也是旅游业细分市场、调整结构、转型发展之必需。

（一）老年旅游产业的定义和特点

1. 老年旅游产业的定义

老年旅游产业是一种特殊的产品类型，主要服务对象是老龄人口。老年旅游是旅游产业内根据旅游者的年龄而划分的一种具体的产品类型，进而演变为一种产业，这是社会生产力发展到人口老龄化时代的结果。老年旅游产业是满足老年人旅游需求、为老年旅游者提供旅游服务的现代服务产业，既是旅游产业的关键重要构成，也是极具代表性的为老年群体服务的产业。[1]

老年旅游产业也是典型的为老年人服务的"银发"产业。老年旅游产业是满足老年人多样旅游需求的，为老年旅游者提供旅游服务的现代服务产业，属于典型的老龄产业，也是大旅游产业的分支。

---

① 罗栋. 人口老龄化背景下中国老年旅游产业发展研究 [D]. 武汉：武汉大学, 2015.

2. *老年旅游产业的特点*

老年旅游产业是老龄产业与旅游产业重叠交叉的结果，兼具老龄产业与旅游产业的特点，具有综合性、脆弱性、微利性和合作性的特点。[①]

首先是综合性。旅游业是高度综合性的产业。老年旅游业同样如此，呈现网络状的特点，多层次、全方位的横向和纵向联系广泛而深入。为了满足老年旅游者多样化的旅行需要，既包括直接相关的旅游产业链条上的经营吃、住、行、游、购、娱六要素为主要内容的相关企业，也涉及不同类型的传统意义上并未列入旅游产业的相关企业，这些非旅游企业分别属于若干相互独立的行业。

其次是脆弱性。旅游业易受多种因素的影响，各类自然、政治、经济和社会因素都可能对旅游业产生不同程度的影响，有些甚至具有"一票否决"的终极影响力。如地震、海啸、流行疾病、恐怖暴力活动、战争、经济危机等，都可能导致旅游业的大衰退。同时，由于老年旅游服务的对象是老年人，其身体健康状况和心理承受能力等方面的特殊性，更容易导致危险的发生。

再次是微利性。老年旅游产业整体利润率低的主要原因在于老年旅游者大多是成熟理性的消费者，对旅游项目的各项要求较高，却只愿承担相对合适的价格，所以绝大多数老年旅游产品都应体现"物美价廉"的高要求。

最后是合作性。老年旅游产业竭力满足老年群体的多重需求，老年群体希望在知识性、娱乐性、体验性、享受性各个方面获得满足感和幸福感。只有众多相关产业、行业和企业进行良好协调合作，才能为旅游者提供高质量的服务。同时，旅游具有异地性，老年旅游者到不同地区领略不同旅游资源的差异性，跨地区之间的老年旅游相关行业的全面合作显得非常必要，也非常重要。

（二）老年旅游产业的现状

---

① 罗栋.人口老龄化背景下中国老年旅游产业发展研究［D］.武汉：武汉大学，2015.

1. 我国老年旅游市场潜力巨大

我国老年人的数量规模是我国老年文旅市场发展的内因之一。中国老年旅游业在中国旅游业的襁褓中逐渐发展成长，在人口老龄化的大时代背景下增长越发强劲。由于我国目前老年人群体巨大的数量基数，因此可以预料未来我国老年人群体的数量的增长速度将会越来越快。老年旅游市场面向数量庞大的老年人这一潜在的市场需求者，不断增长的巨大的市场需求是老年旅游市场形成的重要条件。

我国老年人的消费水平是我国老年文旅市场发展的内因之一。受勤俭节约这一中华美德的影响，老年人出门在外大多精打细算，但是我国老年人的消费潜力不可小觑。我国相当一部分老年人有稳定的退休收入和健全的养老保险保障，与年轻人的旅游消费能力相比，老年人的旅游消费能力也不可轻视。此外，相对于年轻人，老年人的日常开销要少得多，我国健全的社会保障制度免去了我国老年人的后顾之忧。总之，老年人群体巨大的潜在旅游消费水平进一步开阔了老年旅游产业的发展空间。

老年人拥有充分的空闲时间是老年旅游市场发展的内因之一。老年人有充裕的时间，他们有"辛苦了一辈子，也应该歇一歇，出去散散心"的愿望。随着我国计划生育制度的推进，现在60岁左右的老年人多数都只有一个孩子。他们中许多人的子女都在外地或是在国外工作，即使在一个城市生活，也往往是大部分时间独处。老年人在独处的时间会感到孤单，他们希望能够充实老年生活，参与一些有趣的活动，而安排恰当的旅游是老年人群体青睐的方式之一。

我国老年旅游资源丰富是我国老年旅游市场发展的外因之一。我国老年旅游资源数不胜数，潜在的发展空间大。广袤的土地，悠久的文化，赐予了我们丰厚的文化资源。数量众多、种类各异的旅游资源，特别是山野风光、风土人情、温泉、垂钓、康体度假、革命老区等为老年旅游者提供了多样的体验环境。进入20世纪90年代后，我国旅游基础设施不断完善，旅行社的专业水平不断提高，旅游业的日益繁荣和旅行社服务的不断完善为老年旅游市场的发展奠定了坚实的基础。

2. 老年旅游产业存在的问题

中国老年旅游产业还处于产业发展的初级阶段,其发展中的主要问题从供给方、需求方、外部环境三大方面展开。

供给方角度,旅行社顾虑重重。老年旅游产业正方兴未艾,不断壮大发展,成为我国旅游市场重要的组成部分。但是,我国老年旅游产业一定程度上仍存在一些困难和挑战。老年旅游对于旅行社,可能是一块烫手山芋。老年旅游产品风险高,旅行社对此心存顾忌不敢轻举妄动,谨慎开发与呈现老年旅游产品,老年旅游产品利润低,旅行社不愿投入过多资金。老年人旅游由于年迈体弱存在许多的旅游安全隐患,相对于健壮的年轻人,老年人在旅途中发生事故的可能性更大,如果发生意外情况,旅行社不仅受到经济上的损失,而且严重影响旅行社的声誉,极大影响老年人对旅行社的信任,从而不利于旅行社的长久发展。老年旅游行业的风险使一些旅行社望而却步,老年旅行行业的低利润使旅行社不愿大力发展。

需求方角度,产品不能真正满足老年人的需求。我国老年旅游行业发展不兴旺,除了受老年旅游行业的供给方旅行社顾虑重重因素的影响,老年旅游市场提供的老年旅游产品未能充分满足老年人真正的需求也是主要原因。老年旅游市场缺乏科学的统筹安排规划,针对性的老年旅游产品开发不足,老年人真正满意的旅游产品较少。主要表现为:一是真正满足老年人需求的旅游产品较少。当前,我国老年旅游行业不断推出以"夕阳红"为主题的五花八门的老年旅游产品,但是究其本质,老年旅游市场好像出现了供过于求的问题,这种供大于求并不是表现在产品数量上而是表现在产品质量上。相当一部分旅行社对原本普通的旅游产品冠以"夕阳红"的主题进行美化包装,并没有真正去创造性地开发满足老年人需求的产品,只是在原本普通的旅游产品基础上贴上"夕阳红"这一新标签。二是目前我国旅游行业的经营和管理在专业性方面有待进一步提高。相当一部分老年旅行社和景区在设计、管理、宣传方面都没有强调老年人这一主体，没有针对满足老年需求的策划、组织、安排部署。

外部环境，我国老年文旅产业外部发展环境亟待优化。老年旅游产业脆弱性高，依赖于社会经济的强有力的支撑。目前，建设老年人"宜居宜游"和"老年人环境友好型"城市和景区硬件基础设施需要加强，老年人参加旅游活动的舒适性还有待提高。此外，老年人参与旅游活动的气氛也有待进一步改善。不仅如此，关于老年人的各项优惠措施没有得到全面落实，尊老敬老的社会文化氛围也没有完全建立。优化我国的老年旅游产业外部环境从而打造良好的外部发展环境是我国老年旅游发展的当务之急。

（三）老年旅游产业的案例：村落式旅游养老

在人口老龄化问题日益突出的大背景下，随着老年人口养老需求层次的提高，养老方式的多样化发展是必然的趋势，乡村旅游与乡村养老逐渐结合，成为一种新的养老形式，村落式旅游养老是指在一些自然环境良好、基础设施完善的农村地区开发旅游养老产品的一种新的养老形式。村落式旅游养老是重要的新型养老方式。村落式旅游养老与一般的旅游养老相比，它更加注重"村落式"氛围的营造，即传统乡村"熟人社会系统"的特性，让养老者真正地融入当地乡村轻松、简单、愉快的生活中去。乡村良好的自然和人文环境，加上基础设施的不断完善，使得乡村旅游与乡村养老不断融合发展，成为一种新的且受欢迎的养老形式①。

村落式旅游养老特点可以归纳为环境宜人、生活便利、活动方便三个方面。

打造宜人的环境和田园风光是村落式旅游养老建设目标的一大特色，相对于城市日益下降的环境状态，老年人更喜欢居住在空气清新、环境优美的乡村中，这样的环境有助于老年人的修身养性和养生保健。村落

---

① 聂川云. 村落式旅游养老开发研究［D］. 金华：浙江师范大学，2016.

式旅游养老的目标群体主要为城市老人，因而发展村落式旅游养老应当适当地增加相关配套设施的建设，让城市老年人感到即使在乡村地区养老生活也依旧便利，不会因为生活上的不便利而感到不适应。日常生活设施的建设涉及多个方面，主要包括食宿设施、购物设施、休闲娱乐设施和医疗服务设施等。村落式旅游养老结合老年人的身心特点和喜爱偏好，并充分利用当地的文化特色和资源等多要素，设计丰富的活动项目和建设相关的场地。通过各种活动营造一种老年人乐于积极参与的日常生活气氛，可以有效减低老年人因社会活跃程度下降引起的情绪低落，从而提高老年人晚年生活的满意度。

这种村落式旅游养老形式在国外盛行已久，美国太阳城老年退休养老公寓的开发模式和理念就是村落式旅游养老的典范。太阳城全年有300多天能够接收到太阳光的照射，所以被称为"太阳城"，并以其里面居住的老年人惬意的生活方式而闻名国内外。太阳城中拥有大量的生活设施，包括超市、邮局、银行和教堂等，另外，为老年人提供的医疗资源也相当的丰富，专门为老年人服务的综合性医院以及各种医疗专科和诊所遍布城内。太阳城中休闲娱乐设施也多种多样，包括大型娱乐中心、高尔夫球场、乡村俱乐部等。另外，太阳城还根据老年人喜好开设一些老年艺术活动中心，具体包括电脑、书法、摄影、绘画等。美国太阳城的规划设计基本上从满足老年人的多样化需求出发，城内基本上实行宜老化和无障碍设计，考虑老年人身心特征的变化。同时，注意社区空间方向识别性的设计，多竖立有显著特色的提示牌。加强区域的安全性建设，道路实行人车分流，种植绿化隔离带。另外，为了减少老年人的体力消耗，太阳城住宅多以低层建筑为主。

美国太阳城对我国村落式旅游养老的启示：基础设施完善，生活和休闲娱乐设施丰富多样，并在规划时充分考虑老年人的身心特征，从而较好地满足老年人个性化的养老需求。根据老年人的养老需求，延长养老产业链，开发各种养老产品，充分开发养老产业的经济效益。

村落式旅游养老在我国发展处于初级阶段，我国的部分省份和地区慢慢开始村落式旅游养老的探索，如云南卧云仙居。卧云仙居位于云南省昆明市西郊，坐落于风景优美的卧云山风景区内，卧云山地区，森林茂盛，山清水秀，空气比市区清新。空气中弥漫着醉人的花香，由于空气湿度较大，山间终日薄雾缭绕，使得景区如置仙境，故名"卧云仙居"，因其提供的优质的养老服务被评选为"云南健康养老示范基地"。卧云仙居海拔在 2300 至 2500 米之间，难能可贵的是拥有丰富的森林资源，冬无严寒，夏无酷暑，四季温暖如春，全年气候宜人，空气相对湿度基本维持在 55% 左石，被称为昆明市离天最近的天然氧吧。出色的生态环境和气候条件，是卧云仙居开发最大的优势条件。卧云仙居为我国村落式旅游养老行业做出了示范，卧云仙居自然环境优美，各种设施齐全，园区内拥有养老公寓、度假别墅、度假酒店、健康疗养院、膳食调理中心、娱乐会所和大规模的户外拓展训练基地，是一个综合性的休闲养老基地。

（四）发展老年旅游产业的措施

1. 相关老年旅游企业应大力创新旅游产品，满足老年人个性化需求

首先，要注重内容上的设计与创新。老年旅游的需求因人而异，受身体健康情况、经济水平、消费观念、文化水平等因素的影响，因此旅游行业在开发和创新旅游产品以及组织和管理老年旅游的过程中，要切实地从老年人需求入手，在饮食安排、居住安排、交通工具的选择、景点的选择、行程安排等方面综合考虑不同老年人的需求，实现老年旅游产品个性化。例如，推出健身游的产品，将旅游休闲与身体锻炼融合，也可以推出孝心游，将旅游与子女孝顺父母相结合。

其次，要注重形式上的设计与创新。在老年旅游产品开发的过程中，要统筹考虑老年人特有的生理特点和心理特点，遵循适用性、针对性的原则，创新推出老年人青睐的旅游产品。老年人随着年龄的增长，习惯于追忆和思考，有珍惜情怀，更有怀旧情怀。因此，根据老年人的怀旧心理开发旅游产品，怀旧旅游使老年人在旅游中获得心理上的满足。例如"故乡游""革命根据地游""金婚纪念游"是极具代表性的怀旧旅游

的方式，重游故乡，回顾历史文化，能够充分满足怀旧情怀的个性化需求。老年人相对来说体弱多病，倾向于安逸悠闲、自然舒适的生活环境。例如乡村游，乡村自然风景优美，空气清新，生活节奏慢，较为适合老年人的身体状况。

最后，在时间安排上的设计与创新。老年人有着充裕的闲暇时间，应科学合理地安排出游时间，同样的旅游线路和旅游产品在不同的时间出游，会给老年人留下截然不同的旅游感受。避开黄金周等旅游高峰时期，一方面，可以降低老年人外出旅游时的拥挤和疲劳程度。另一方面，也可以买到较低折扣的机票等，降低出游成本对老年人的影响。

2. 政府应创造良好的老年文旅发展的外部环境。中国老年旅游产业涉及面广，亟须多方面因素给予支持，共同营造一个有利于老年旅游发展的外部环境。建设完善的老年旅游发展外部环境主要包括三个方面的内容，一是建设系统的老年旅游支撑环境，二是营造健康的老年旅游文化氛围，三是制定完善的老年旅游制度体系。通过加强老年休闲健康保障、老年经济保障、老年旅游公共服务体系建设、老年旅游人才队伍建设、老年旅游基础理论研究、老年旅游行业组织建设等建设系统的老年旅游支撑环境。在全社会范围内大力倡导健康的旅游休闲生活方式，引导健康、文明、环保的旅游休闲理念，积极开展老年文化节庆活动，弘扬尊老爱幼的孝文化传统，营造健康的老年文化氛围，使老年人在旅游休闲活动中享受健康与幸福，充分体现老年人的权利与尊严，成功实现"积极老龄化"。从中国老年旅游产业发展的实际出发，以理论创新推动制度创新，及时制定新制度，编制《中国老年旅游产业发展规划纲要》，完善现有制度，制定完善的中国老年旅游产业标准体系，出台与落实老年旅游发展其他相关政策法规，构建科学完备的中国老年旅游制度体系。

二、老年文化用品产业

老年人的幸福美好日常生活离不开老年文化用品，老年文化用品能够满足老年人的物质需求，提升生活幸福感。全社会应倡导鼓励相关老年文化用品企业研发生产优质适用的老年用品。

（一）老年文化用品的内涵

60 岁以上的老年人进入花甲之年，也就意味着进入老年期，这个时候，不管是身体状态还是生理机能都会随着岁数的逐渐增大而逐渐衰退。感觉器官从触觉、听力、视力到平衡力都将大幅度下滑。反应能力开始迟钝，记忆力下降，心血管疾病、高血压、冠心病等一系列老年病症逐渐出现。而随着活动空间和活动能力大幅下降，再加上人际关系、生活环境等一系列的变化，老年人退休综合征也会逐渐增多。往往年轻时使用的东西就不再适合老年期使用，需要更换新的适合的用品，就是老年用品。而所谓老年用品可以简单地理解为适合老年人使用的物品。所谓老年文化用品产业，就是指专门为老年人提供商品、服务和信息的产业。老年用品的产品范围包含得相当广泛，总体分为几大类：养生保健类、辅助护理类、按摩护理类、检测提示类、保健康复类、休闲锻炼类等。目前市面上比较常见的产品很多，比如按摩座椅、按摩床、助听器、吃药提示器、血压检测仪等一系列产品①。

老年文化用品产业是个新兴的产业体系，也是一个新兴的产品产业链。这个产业包含很广，包含了现有的产品行业，更包含了服务市场行业，也包含了未来新兴的市场尚未被挖掘的产品和服务。老年文化用品消费市场，是指企业或个人以老年群体为服务对象，通过满足老年群体的需求和欲望，从而实现其营利目的的市场。

（二）老年文化用品产业的机遇与挑战

1. 我国老年文化用品产业的机遇

首先，我国相关政府部门为老年文化产业的发展提供了良好的环境氛围。工信部、民政部等五部门印发的《关于促进老年用品产业发展的指导意见》中，预测未来我国老年文化用品产业的美好蓝图，设想我国老年文化用品产业的规模、体系、市场环境、法律法规、政策方面的发

---

① 赵昭．未来中国老年用品市场走向分析［J］．市场论坛，2015（10）：55-57.

展。在《民政部关于进一步扩大养老服务供给 促进养老消费的实施意见》中提出关于老年文化用品产业的建设性意见，加大科技投入力度，以先进科学技术提高老年用品的质量，并且开展孝心购物活动，借助孝心形成强有力的消费力，带动老年用品消费。

其次，从人口学的角度来讲，我国老年文化产业市场需求量大。我国社会老龄化程度不断加深，形成了潜力巨大的老年用品市场。传统的市场经济思维一直把老年产品定位在小众产品之上，完全没有考虑未来当老龄化社会来临以后，庞大的老年群体将会形成一个巨大的产品市场，而这个市场无疑将会改变目前市场的产品分布格局。随着我国居民养老保健意识的不断增强，科学技术的进步，人民物质生活水平的提高，社会医疗保障的完善，我国居民的平均寿命将持续提高，预计2030年中国平均寿命可达到80岁。

再次，我国老年群体消费观念不断改变。老年群体对老年文化用品的消费类型呈现多样化。随着人们物质生活水平的提高，我国老年群体的消费观念随之改变。在过去，我国老年人受传统思想和代际效应的影响，更重视储蓄存款，生活节俭。而当今社会，随着生活水平的提高，我国老年人越来越重视健康保健消费，越来越追求高品质消费。以前的老年文化用品较为集中在中低档产品，原因在于老年人认为退休后没有职场需求，有些方面的消费没有必要支出，并且老年人由于怜子效应，希望为子女多留一点积蓄。而现如今，随着我国老年人持有的可支配财富不断增加，老年人的文化用品的消费观念随之发生改变。老年人思想更加开明，"人生苦短，及时行乐"的思想不断被老年人接受，开始追求高品质的产品，消费的老年文化用品的档次不断提高。此外，当今生活水平提高，但社会医疗和保障欠完善，老年人群体的健康保健意识增强，他们通过参加广场舞、打太极、登山等体育锻炼来增强体魄，提高身体素质，食用维生素片、钙片、各种营养液等保健食品来补充营养，提高身体免疫力。

最后，老年人群体购买能力不断增强。老年人群体收入来源和渠道越来越多样化，过去老年人收入来源渠道较少，主要依靠退休工资和子女接济，而当今随着我国金融市场体系的完善和发展，我国老年人投资理财的意识增强，投资理财的能力提高，老年人可以购买养老保险、股票、期货、基金等各种理财产品，收入来源更广泛。并且当今，相当一部分老年人退休后会发挥余热，并没有选择坐吃山空而是继续就业，在热爱的行业里发光发热，获得就业收入，扩宽晚年收入渠道。此外，受怜子效应的影响，过去老年人的资产支配权更多的在子女手上，在开销和消费方面须听取子女的建议。而当今这种传统思想越来越淡化，老年人有更高的收入支配权，由于年轻人工作地较远，老年人不与年轻人生活在同一屋檐下，较为自由地支配自己的收入。

2. 老年文化用品产业的挑战

首先，我国老年文化用品产业市场中产品有效供给不足。尽管市场上老年产品的比重在逐步加大，但从总量上来说依然是不够的，据国家老龄委提供的数据，目前老年用品市场需求量将近 4000 亿元左右，而供应量却不到 10%，远远跟不上需求。老年文化产品单一，不能真正满足老年人个性化的需求。例如，老年服装品种少，专门的老年服装品牌少，颜色多以深色为主或者各式各样的花朵为主，款式也较少并且更新换代缓慢。

其次，我国老年文化用品市场鱼龙混杂，部分商家欺骗老年人，定价不规范。部分商家为了追求利益进行虚假宣传，夸大老年文化用品的功效，制定的产品价格也虚高。部分销售人员善于抓住老年人的心理，对老年人"爸爸""妈妈"叫着，他们冠冕堂皇地自称专家，把产品夸得天花乱坠，老年人听其忽悠，不理智地进行消费。此外，老年人由于缺乏网络鉴别能力，通过网络购物被欺骗的老年人屡见不鲜。这种现象存在的原因如下：一是我国老年人的文化用品需求增长速度快，而与之相适应的市场机制发展较慢，老年文化用品的市场机制和体系有待加强和完善；二是老年人对老年文化用品的需求更加多样化，而我国真正满足老年需求的产品较少；三是对于老年保健边界产品效果的界定难度较大，缺乏科学的衡量标准，增加了老年文化用品市场的执法和监管难度。

总之，老年文化用品产业是具有巨大潜力的朝阳产业，老年用品市场是我国整体经济的一个重要组成部分。尽管现今老年用品市场尚处于初级阶段，老年消费群体还不是特别成熟，但是随着社会老龄化程度加深，老年文化用品产业的发展空间很大。未来老年文化用品市场必定是经济市场重点发展的朝阳产业，未来市场上将会有更多的生产老年产品的企业，将会有更多适合老年人的产品，把"银发市场"、夕阳产业做大做好，老年用品市场的"黄金时代"即将来临。

（三）老年文化用品产业的典型案例

我国老年文化产业发展处于初级阶段，专门的老年用品店数量较少。位于北京市海淀区的老年文化用品展示中心是我国文化产业发展的一个典范，为老年人提供综合性的产品及服务，在人们年老、失能半失能时，总能有些"神奇"物件，帮助老人和家人渡过难关。

从小物到大件，北京市老年用品展示中心几乎涵盖所有类别，针对老人的不同需要，基本涵盖老年人衣、食、住、行、医等生活的方方面面①。不到巴掌大小的切药器，在老人需要吃半片药的时候，只需将药片放进去，轻轻一压，药片就变成了规整的两半；可以转变角度的勺子，在老人手指不灵便的时候，子女只需按照老人握勺的方式，弯曲勺柄，老人就可以舒服地进食；老人失能卧床的时候，穿衣是个大问题，这时拉链护理服就派上了用场，身侧、腿侧、胳膊等地方的拉链，让老人不用伸胳膊伸腿就可以穿好衣服，家人省时省力，更减少了老人穿衣时的痛苦；可调节高低档位的护理床，21厘米的高度在老人不小心掉下床时不会造成大的伤害，41厘米是老人下床时最适合站起的距离，而80厘米则方便家人和护理员为老人穿衣、擦身，除此以外，护理床还有体重监测、睡眠监控、离床报警、湿度报警等多种功能。

---

① 张婷. 代老寻宝记：探秘北京首家老年用品展示中心 [J]. 中国社会工作, 2017 (14)：16-17.

（四）老年文化用品产业发展建议

1. 政府充分发挥宏观调控的职能，加强对我国老年文化产业的管理

首先，健全的法律法规是我国老年文化产业的重要保障，因此相关政府部门应进一步完善相关法律法规。我国老年用品产业在国家经济向好的大环境下，在国家经济支持的襁褓之中，以国家经济带动我国老年文化用品的发展。因此，加强法制管理，引导我国老年文化用品经济的发展势在必行。针对我国老龄化的现状，发挥老年文化用品产业的潜力，调整我国的产业结构。其次，文化用品产业需要政府提供政策上的支持和指引。虽然老年文化用品市场有巨大的潜在的消费者，但是部分相关企业顾虑重重，对老年文化用品市场处于观望的状态，不敢轻易投入老年文化用品行业中。面对这种情况，为了促进我国老年文化用品产业的积极向上发展，国家相关部门应制定相应的积极的政策来支持我国老年文化用品行业的发展，例如制定积极的财政政策和税收政策引导相关企业积极投入和参与老年文化用品的开发和生产活动。最后，我国老年文化用品产业处于初步发展阶段，尚未成熟，仍需要进一步的探索和实践，因此需要相关政府部门制定明确的产业规范。相关政府部门应依据文化用品市场的实际状况，分析当前老年文化用品行业中存在的不足，制定针对性的规范和要求，避免老年文化用品行业垄断以及不正当和不合法的市场竞争，贯彻切实提高老年人生活质量的目标，使老年文化用品行业兼顾经济效益和老年人权益。加强对老年文化用品产业的规范和管理，使我国老年人对老年文化用品市场充满信心。

2. 企业采取措施促进老年文化用品产品的发展

首先是开发和生产老年人真正青睐的产品。我国专门为老年人开发的老年文化用品相对较少，相关企业应迅速抓住这一填补老年文化用品市场空白的机会，积极创新，开发和生产老年人真正青睐的老年文化用品，吸引老年人消费，从而凭借优质的产品抢占老年文化用品产业市场以获取更高效益，同时更好地服务老年人。开发老年玩具市场，这是一个新兴的老年用品产业。医学专家曾做过科学分析，老年人和儿童是一

样的，他们也渴望被关心，渴望被关怀，渴望被抚慰，渴望集体游戏等。俗话说的"老小孩"就是说老年人也和孩子一样，老年人随着岁数逐渐增大，记忆力、反应力逐渐退缩，同样需要玩具和开发智力的工具。然而市场上现在这一块完全是空白，市场上针对老年人的玩具产品的开发基本上是没有的。老年玩具不但可以益智，锻炼老年人的思维，更可以健身，增进老年人的健康。目前玩具市场对老年人消费群体的认识度还不够，开发产品不能仅仅只是针对婴幼儿，老年人急剧上升的消费需求需要迅速得到关注。

其次是老年文化用品行业应合理制定产品定价，为不同购买水平的老年人提供产品和服务。我国目前的老年文化用品行业价格普遍偏贵，很多老年人感兴趣但没有购买能力。根据这一存在的问题，企业应生产多层次的产品制定多层次的价格，使不同消费能力的老年人买到自己满意的老年文化用品。这样合理地分层次制定产品价格，不仅使老年人满意，也可以使老年文化用品企业吸引更多消费者。

最后是拓宽老年人购买的渠道。我国目前专门售卖老年文化用品的店铺较少，所以老年文化用品企业应拓展老年文化用品的购买渠道，增加老年人的线下实体店的数量，开拓网购的方式为老年人提供老年文化用品。

3. 加强对老年用品消费市场发展的监督

我国社会越来越重视老年文化生活的质量，越来越维护老年人群体的消费权益，因此社会大众应加大对老年文化用品产业的监督力度。社会大众齐心协力共同监督我国老年文化用品产业，切实发现我国老年文化用品市场存在的问题，监督我国老年文化用品产业的规范化，提高产品的质量。在政府的支持，企业的积极研发和生产、社会大众的共同监督下，各方共同合作将会建设我国老年文化用品产业的美好明天。

三、老年养生休闲产业

（一）老年养生休闲产业的定义

老年养生休闲产业是老年文化产业的一部分。养生度假村和健身养生俱乐部为中老年人提供健康玩法，如温泉、瑜伽、冥想等，让他们在休闲之余享受身心健康。老年人音乐厅为中老年人提供音乐欣赏和交流的场所，举办音乐会、合唱比赛等，激发他们的音乐潜能。这些养生休闲项目不仅满足了老年人的健康需求，也满足了他们享受悠闲时光的愿望。

（二）老年养生休闲产业现状

老年养生休闲生活质量的衡量标准之一是老年养生休闲时间的占有量，老年人的休闲时间与老年人的生活质量息息相关。退休的老年人没有工作的负担，有更多的时间可以自由支配。然而随着岁月递增，身体情况不佳的老年人认为自己的老年生活枯燥无味。但实际情况是老年人随着年龄的增长，可支配的空闲时间不断增加。

老年养生休闲娱乐空间的选择。我国相关政府部门高度重视养生休闲娱乐建设，在财政政策上支持鼓励老年养生休闲娱乐活动设施建设的资金投入，为老年人提供了更多陶冶情操、放松休闲的场所。当下，老年养生休闲娱乐不再局限于室内，空间范围更广泛，开始由室内扩展到室外，但老年人选择的休闲娱乐场所相对单调集中，多为宽阔的广场、环境优美的公园、社区的绿化地带等，专门面向老年开放的商业性休闲娱乐场所发展较为缓慢。

老年养生休闲市场需求和供给现状分析。我国庞大的老年人口是老年养生休闲市场潜在的消费者，伴随着老龄化程度的加深，将带动我国老年养生休闲市场的发展。当前老年养生休闲市场的老年养生休闲产品层出不穷，但是我们缺少的不是老年养生休闲产品的数量，而是缺少真正满足老年人需求的高质量的老年养生休闲产品。

我国老年养生休闲市场潜力巨大。伴随着我国社会经济、科学技术、文化教育的发展，我国老年人越来越追求老年养生休闲产品，因此我国老年养生休闲市场有了巨大的需求。我国市场中老年养生休闲娱乐产品集中为一些传统的养生休闲娱乐产品，而这些传统的老年养生休闲产品定位不准确，指向性不明确，虽然老年养生休闲市场需求巨大，但是缺乏老年人青睐的产品。

同时，我国老年养生休闲市场存在一系列的问题。首先是养生休闲生活单一重复。经过调查发现，老年人的休闲活动中看电视等传统的休闲方式占据了多数，而且每天进行的活动也比较单一。这不仅与老年人休闲观念陈旧有关，也与老年养生休闲娱乐产品的市场空白有关系。老年人找不到适合自己的休闲产品，只有自娱自乐，或者是一味地重复单一的活动，使老年人对休闲生活的满意度不理想。其次是老年养生休闲娱乐产品科技含量低。随着科技的发展，年轻人使用的科技产品不断地增多，虽然老年人也在逐渐地接触一些科技性的产品，但是普及范围不够。老年人心理上存在与科技的鸿沟，这也直接影响了与年青一辈的交流，造成了隔阂和脱离。这一部分原因是老年人自身没有接受科技性产品的心理准备，另一部分原因是产品本身不适合老年人使用。老年养老休闲娱乐产品设计只有恰到好处地运用一些高科技，才能逐步地改善现状，让老年人跨过这道鸿沟。最后是老年休闲娱乐生活层次处于消磨时间阶段。老年人由于对养老休闲娱乐的真正内涵认识还不够，休闲娱乐的技巧也不够高，所以老年养老休闲娱乐生活的层次还处于消磨时间的阶段。许多老年人家务繁重，从家务中解脱出来之后不会利用闲暇时光，导致老年休闲娱乐的层次不高，需要用休闲教育的方式来逐渐改变老年人的休闲观念并提高休闲的技巧。

（三）促进养老休闲产业发展的措施

1. 养老休闲娱乐产品的设计

首先是多样化设计。在多元化的社会中，老年群体感受着时代的变迁和产品的更新换代，老年人希望通过多种渠道去更好地融入当今时代的变化，但力不从心。老年人身体素质下降，退休后生活相对来说枯燥无味，他们希望使用多种养老休闲娱乐产品来丰富老年文化生活。但是对于老年群体来说，老年休闲娱乐产品有年龄限制，与新兴的养老娱乐方式存在巨大的鸿沟。养老休闲方式要充分考虑老年人对新的养老休闲娱乐方式的适应性，传统娱乐产品需要进一步加强新技术的投入，增强养老休闲娱乐产品的新体验，同时新的养老休闲娱乐产品要考虑新功能与旧功能的融合，使老年人更好地适应新兴老年休闲娱乐产品。

其次是情感化设计。老年人需要关怀和情感抚慰，养老休闲娱乐产品对于老年人来说，不仅仅是一种工具，更是老年热爱生活的集中体现。相关企业在开发和设计老年人养老休闲娱乐产品的过程中，遵循老年人的情绪心理特点，以满足老年人的情感需求为切入点，使老年人在体验中获得情感的慰藉，丰富老年人文化生活。

再次是智能化设计。智能化是各行各业的发展趋势，新型的智能化产品不断融入老年人的生活中，冲击着传统的老年养老休闲娱乐方式，为智能化养老休闲产品带来了发展契机。因此，在大数据和互联网的背景下，养老休闲产品的开发需要调节智能化的需求和老年人的心理需求的平衡，既要考虑老年人的心理特点也要进行人性化的设计，避免跨度过大，造成老年人的认知负担。

最后是娱乐化设计。养老休闲产品应以服务老年人权益为目标，使老年人群体在其中获得幸福感和满足感。因此，养老休闲产品应贯彻娱乐性的原则，开发和生产适合老年人的养老休闲产品，不会造成老年人群体的身体和心理负担。①

2. 老年养生休闲产业发展建议

首先是出台支持老年人休闲生活的政策措施。第一，将老年人休闲需求纳入相关规划，将老年人休闲产业的发展作为新的城市经济增长点，通过制定相关政策来发展老年休闲产业，规范老年休闲的行为；第二，出台一系列有助于老年人休闲的政策，如通过财政政策将市内公共场所对老年人免费开放，部门行业及机构在老年人休闲方面提供服务优先、价格优惠等政策；第三，应该大力加强对老年人休闲相关科研的政策支持与财政支持，丰富与完善现存的老年人休闲基础理论，借鉴国内外成功的经验，尽快立项研究与建立相关产业分类及统计体系，从学术、政策的视野研究与考察老年人休闲时间的运用；第四，将满足老年人的休

---

① 宁星，张家祺. 老年人休闲产品设计研究［J］. 大众文艺，2010（17）：34.

闲需求和精神文化需求作为各级政府、各个社区的绩效量化考核指标，并制定相关的绩效考核标准及奖惩措施。①

其次是构建老年人休闲系统与便利化服务体系。城市老年人休闲系统由景点休闲体系、餐饮茶馆体系、文化体系、娱乐健身体系四大体系构成，老年人休闲便利化服务体系的构建主要是利用电视、报纸、收音机等传统的老年人利用得比较多的媒体形式发布老年人休闲信息，发布的休闲信息包括目的地信息查询服务、公共信息查询服务、休闲黄页信息服务（餐厅、酒店、旅行社等）、移动短信服务功能等。

再次是完善老年人休闲基础设施。社区依然是老年人进行休闲活动的主要场所之一，社区在老年人休闲活动中的主要功能在于为老年人的休闲活动提供基础性设施和休闲服务。因此，老年人休闲基础设施的完善应该以社区为主体。基础设施主要包括休闲的场地与休闲的设施两种。休闲场地为老年人的休闲活动提供了活动载体，社区的绿地、街道两侧、广场、亭台楼阁等场地都应该最大化地合理利用，成为老年人健身、交流、娱乐的场地。社区能为老年人提供的休闲设施包括游泳设施、棋牌室、报刊阅览室、健身房、娱乐设施、广场等。

最后是加大对老年人休闲产品私人供给的扶持与管理。对于提供老年人休闲产品的非公共部门，我们应加大扶持与管理力度，引导合理竞争，规范市场行为。首先，我们应该鼓励和扶持提供老年人休闲产品的企业，通过税收、融资等优惠政策弥补这些企业因让利给老年人休闲供给带来的损失，促进老年人休闲产业和休闲企业的发展。并通过扶持老年人休闲的相关科研项目，帮助这些企业开发、设计出适合老年人的休闲产品与休闲旅游路线，对老年人的休闲需求进行更加细致的分析，针对不同年龄、性别、职业、需求点的休闲消费需求提供相应的休闲产品。②

---

① 陈泓任，李其原.南充市老年人休闲的特征及对策研究［J］.重庆科技学院学报（社会科学版），2014（12）：42-63.

② 陈泓任，李其原.南充市老年人休闲的特征及对策研究［J］.重庆科技学院学报（社会科学版），2014（12）：42-63.

四、其他老年文化产业

老年文化产业涉及领域广泛，不仅包括老年文旅产业、老年文化用品产业、老年文化养生休闲产业，还包括老年医疗保健产业、老年金融产业、老年娱乐文化产业、老年文化餐饮产业、老年家政服务产业。

老年医疗保健产业是指为老年人提供医疗保健药品和医疗器械的产业。这些产品包括药品、保健品、医疗器械以及康复器具。老年人常备的辅助医疗设备、疗养休养、住院陪床照料等产品也是老年医疗保健业的重要组成部分。通过为老年人提供这些产品，可以保障老年人的身体健康，提高老年人的生活质量。同时，老年医疗保健业的发展也与老年人的需求密切相关，老年人对医疗保健的需求也在不断增加。

老年金融产业为老年人提供金融投资理财咨询服务，引导老年人群体合理理财。随着我国老年人可支配收入的增加和老年人投资理财观念的增强，老年人逐渐参与金融市场，将资金投入储蓄存款、证券投资、期货投资、基金等各式各样的金融产品。老年金融业的发展对老年人群体具有重要的意义，帮助老年人更好地进行财务管理，提高老年人的生活水平。

老年娱乐文化产业包括老年活动中心、老年棋牌、老年大学及各种学习班等老年教育娱乐产业。这些产业为老年人提供了一个丰富的精神文化生活的机会，使他们能够在家中或户外活动中享受乐趣。老年娱乐文化产业的发展不仅满足了人们对老年生活的需求，还为社会经济发展作出了贡献。通过参加娱乐活动，老年人可以舒缓压力，提高生活质量，促进身心健康。因此老年娱乐文化产业在老年人生活中具有重要的地位和作用。

老年文化餐饮是老年人文化产业中的重要组成部分。老年餐饮行业的发展，不仅能够满足老年人的口腹之欲，还能够促进老年人的健康生活方式的养成。同时，老年餐饮行业也是老年文化产业中的重要组成部分，具有广阔的市场前景和经济效益。

老年家政服务业主要以家庭护理、日常家庭照料、家庭修缮以及用品的修理为主。随着人们寿命的延长和医疗技术的不断发展，老年家政服务业的需求也越来越大。老年人需要照顾家庭，提供专业的护理和修理服务，这为老年家政服务业的发展提供了广阔的市场空间。同时，老年家政服务业也为老年人提供了照料和陪伴，让他们在晚年生活中感受温暖和关爱。

第九章　迈向老年人知识资本

积极应对老龄化的内在之义是以更加积极的态度看待老年人口、开发老年人力资源。知识是文化的核心内容。知识经济时代的新背景下，从知识资本角度重审老年人价值，提出老年知识资本的概念，老年知识资本指向老年人投资和利用知识资源获得回报的一种资本类型。充分利用老年文化资源，发挥老年文化的价值，转化和支撑老年人知识资本是未来研究的重要内容之一。

第一节　老年人知识资本的重拾

2020 年全国人口普查数据显示，我国老年人口已超 2.6 亿，60 岁以上人口占总人口比例超过 18.7%。人口老龄化对我国经济社会发展带来重大挑战，且老龄化正在加速进行，预计 2030 年老年人口比例将达到 25%。在对待老年人口的态度上，老年人常被贴上"负担""疾病"等标签。如脱离理论认为，老年阶段进入了社会角色、关系等退出的时期，折射出"老而无用论"。而在活跃理论看来，老年人并非是一个需要被照顾、消耗资源的社会群体，是有着自身的能动性、积极性和创造性的群体。[1] 实际上，发达国家很多老人"退而不休"，依然活跃在各类工作岗位上。我国已经提出了积极应对老龄化的国家战略，其内在要求就是以更加积极的态度看待老年人口、发挥老年人的作用。

---

[1] 穆光宗. 老年发展论：21 世纪成功老龄化战略的基本框架 [J]. 人口研究，2002（6）：29-37.

　　这其中隐含的一个重要问题是在理论上积极看待老年人何以可能？换言之，如何论证老年人依然具有生产性？学术界目前围绕老年人作用发挥的理论研究集中在老年人力资源开发方面，主要从人力资源或者人力资本的角度展开。我国老年人的人力资本存量不断上升，但是相应人力资本的开发规模、层次、结构等严重不足①。利用老年人力资源被视为解决人口老龄化的基础或重要手段之一②。值得反思的是，人力资源或人力资本作为生产要素适应了人类从农业经济走向工业经济的转变。农业时代，劳动和土地是主要的资源；工业经济时代自然资源和大机器成为主要的资源，人力资源成为核心的生产要素③。进入 21 世纪，人类进入了知识经济时代，知识的生产、分配和使用日益成为经济的主要形态。当社会进入知识经济形态时，文化知识毫无疑问成为最重要的资源。④ 为此，有必要从人力资源或人力资本转向知识资本的视角分析。与此同时，全球也迈进了老龄化，未来二三十年是中国人口加速老龄化的重要时期，中国的经济进入知识经济时代。因此，基于人力资源或者人力资本来分析积极应对人口老龄化的问题并没有充分考虑到时代背景的变迁。例如，随着文化知识经济时代的快速推进，即使身体受到一定程度损害，但知识依然可以发挥作用。这是因为从体力劳动转向脑力劳动的过程，知识与身体的依赖性有所降低，将有更多的老年人具有发挥价值的空间。诸如此类的新变化需要系统分析。由此，转向以知识资本为视角分析老年人作用的发挥，是着眼于知识经济时代独特性、考虑未来长远发展的需要。

　　目前少数学者已经提出了"老年人知识资本"的概念，并作了初步的反思。穆光宗首先将知识资本与老年人关联在一起，知识资本被认为

---

① 金光照，陶涛，刘安琪．人口老龄化与劳动力老化背景下中国老年人力资本存量与开发现状［J］．人口与发展，2020，26（4）：60-71．

② 刘家强．老年人力资源开发是解决老龄问题的基础［N］．光明日报，2014-10-28（12）．

③ 岳耀梅．知识资本概念理论综述［J］．环球市场信息导报，2015（2）：85．

④ STEWART T A. brainpower：how intellectual capital is becoming american's most valuable asset［J］．Fortune，1991（3）：40-56．

是老年资本的构成之一。① 老年人的知识资本是老年人长期经验积累的结果，即使退休依然存在着一定的惯性，还具有一定的收益。② 这种老年人的知识资本不仅存在于工程师型或教授型岗位，重复性的老技工也有知识共享和经验学习的优势。③

第二节　老年人知识资本的内涵

一、知识资本的内涵

文化与知识密切关联。文化的载体是知识，知识的定义具有多面性，但综合来说知识是人类认识和改造世界的经验总结。从来源与产生上看，知识是一个智能化过程和心智结果；从语义环境和概念关系来看，知识是数据、信息和知识连续体的一个环节；从管理的角度看，知识具有双重特性，既是有形资产又是具有潜在价值的无形物。④

知识可以分为普通知识和专业知识。普通知识对于市场来说并没有创造价值，而专业知识则是具有创造价值的专门知识。在专业化运动中，现代职业日益走向技术专门化、职业专门化，促使专业知识的价值越来越凸显。知识经济时代，知识具有资源性，是进入经济运行系统，能够促进物质生产或者直接作为消费对象的知识。⑤ 知识的作用体现在两个方面，一是直接作为生产对象，例如高校科研人员；二是促进劳动对象在质量、效率、流程、组织、产品等方面的提升，间接促进经济发展。换言之，知识具有资本的属性，它可以作为生产要素投资进入经济领域，

---

① 穆光宗. 老年发展论：21世纪成功老龄化战略的基本框架 [J]. 人口研究，2002，26（6）：29-37.

② 王树新，杨彦. 老年人力资源开发的策略构想 [J]. 人口研究，2005（3）：63-69.

③ 李祥妹，王慧. 人岗匹配视角下的老年员工人力资源开发策略研究 [J]. 中国人力资源开发，2016（8）：13-17.

④ 张新华，张飞. "知识"概念及其涵义研究 [J]. 图书情报工作，2013，57（6）：49-58.

⑤ 杨志锋，邹珊刚. 知识资源、知识存量和知识流量：概念、特征和测度 [J]. 科研管理，2000（4）：105-111.

经过一定过程转换为社会财富。事实上，随着经济时代的发展，知识作为一种生产要素也具有现实条件。这表现为知识可以作为商品进行交换，有市场需求、形成独立产业、明晰了产权。①

知识投入生产领域就成为知识资本。资本原是一个经济学概念，本义指能够带来利润的本金。社会学领域中，科尔曼、布迪厄、林南等扩大了资本的范畴，引入了社会资本、文化资本、符号资本等。总体来说，资本是市场上的一种期望得到回报的资源投资。② 加尔布雷思在 1969 年第一个提出知识资本概念，知识资本是知识性的活动，是动态的资本。斯图尔特指出美国最重要的资产是知识资本，它成为企业、组织和国家的财富。③ 学界普遍认为，就重要性而论，21 世纪的知识可以与 19 世纪的煤和 20 世纪的石油相匹敌。④

尽管对于知识资本的构成要素还有争议，但是总体上认为知识资本是一个更为宽泛的概念，它的核心是人力资本和知识产权资本。⑤ 在具体的逻辑层次和细分程度上包括两因素论（人力资本、结构资本或组织资本）、三因素论（人力资本、结构资本或组织资本、关系资本或顾客资本）、四因素论（市场资本、人力资本、知识产权资本、基础设施资本）、五因素论（人力资本、结构资本、关系资本、流程资本、创新资本）等。⑥ 知识资本是适应知识经济时代，对传统资本概念的有益扩充。知识资本是智力活动存在于人的大脑中，具有总量稀缺、积极效用、物化实效等特征，以及无形性、时效性、共享性和排他性等. ⑦ 知识资本存量和

① 花双莲，穆毅，贺丽. 知识资本 [J]. 新理财, 2010 (12)：70-71.

② 林南，牛喜霞. 资本理论的社会学转向 [J]. 社会, 2003 (7)：29-33.

③ STEWART T A. Brainpower: how intellectual capital is becoming american's most valuable asset [J]. Fortune, 1991 (3)：40-56.

④ 江庆勇. 知识资本测度的前沿研究 [J]. 浙江大学学报（人文社会科学版），2015, 45 (4)：142-156.

⑤ 谭小琴. 知识资本的国内外研究进展与展望 [J]. 山东高等教育, 2014, 2 (8)：78-87.

⑥ 郑美群. 基于智力资本的高技术企业绩效形成机理研究 [D]. 吉林：吉林大学, 2006.

⑦ 冯天华，田金信. 知识资本的概念、结构与特征分析 [J]. 哈尔滨工业大学学报（社会科学版），2006 (1)：82-86.

知识资本流量用于描述知识资本在特定组织和单位的数量以及流动变化。①

二、老年人知识资本的内涵

对于知识资本的研究目前主要集中在企业领域，将知识资本迁移到老年领域的成果还并不多。老年人的知识可以进入经济运行系统，促进物质生产或者作为精神消费对象②，老年人知识资本就是老年人投资和利用知识资源获得回报的一种资本类型。建构老年人知识资本概念，有助于重新审视老年人知识资本的地位，从知识资本的新角度系统地分析老年人资源开发。知识资本的意义在于它经济上的隐喻。老年人知识资本概念本身意味着对"老人无用论"的积极抗争，是一种去污名化的努力，呼应"年龄平等"③ 的理念。

广遭诘问的是老年人知识资本的无形磨损性。任何知识都存在时效性问题，④ 老年人知识资本的时效性问题较为突出，但并不能因此一概而论地否定老年人持续学习的现象——并且这种现象在不断扩大。年轻人在信息化社会比较容易掌握新媒体、互联网等新技术，进而快速获取海量的信息。在前信息化社会，这些知识经验往往掌握在老年人手中，信息技术颠覆了这种老年人信息优势，带来"银色数字鸿沟"。⑤ 然而研究发现，其实老年人对于信息技术使用并非像预期那样消极，通过经验可以克服障碍⑥。此外，老年人还在知识熟练性、内化性和智慧性方面占据

---

① 杨志锋，邹珊刚. 知识资源、知识存量和知识流量：概念、特征和测度 [J]. 科研管理，2000（4）：105-111.

② 同①.

③ 李连友，李磊. 构建积极老龄化政策体系释放中国老年人口红利 [J]. 中国行政管理，2020（8）：21-25.

④ 冯天学，田金信. 知识资本的概念、结构与特征分析 [J]. 哈尔滨工业大学学报（社会科学版），2006（1）：85.

⑤ 于潇，孙悦. "互联网+养老"：新时期养老服务模式创新发展研究 [J]. 人口学刊，2017，39（1）：58-66.

⑥ 许肇然，胡安安，黄丽华. 国内外老年人互联网使用行为研究述评 [J]. 图书情报工作，2017，61（20）：140-148.

优势。老年人通常有 30 余年的工作经历，在长时间的工作效应下，不少知识具有强烈的熟练性。知识只有被人的心智内化接受才能发挥作用，老年人经年累月的内化造就了知识的深化性。这种内化一方面促进知识的熟练，另一方面也促进价值观的深刻内化。学界关注老年人消极情绪内化的影响①，而忽视了内化性带来的优势。老年人已经内化了新中国成立以来的共产主义意识形态话语②，所具有的政治意识与素养形成了老年人政治类知识资本。老年人知识还具有智慧性优势。信息多少并不代表着智慧的数量，甚至过量的信息会带来人的迷茫以及更多的不确定性。从知识管理角度来说，知识具有进阶性，并形成一个知识金字塔。最底层即第一层是数据，其中记录着海量的信息；第二层是信息，知识来源于信息；第三层则是经过筛选、发挥价值、实用性的知识；第四层则是指引知识产生、应对错综复杂情境的智慧型知识。③ 它超越时代和地域，从事更为一般意义上认知个体、社会、宇宙的"道"层面的知识。④ 正是在下层知识的基础上智慧性知识才能被掌握，老年人有丰富的人生阅历和知识经验，支撑更有机会站在知识金字塔的顶层，创造了老年知识资本的智慧性优势。

类型学上，老年人知识资本可以分为理论知识资本和经验知识资本。理论知识资本是在专业理论知识长期积累基础上获取资源回报的资本类型，典型的人员如老教师⑤、老科研人员⑥、老医生⑦。职业帮助他们建

---

① 许佃兵，孙其昂.完善我国社会养老服务体系的深层思考：基于江苏养老服务现状的考察分析［J］.学海，2011（6）：92-95.

② 姜振华.城市老年人社区参与的现状及原因探析［J］.人口学刊，2009（5）：38-43.

③ 上官景昌，陈思.知识管理研究中数据、信息、知识概念辨析［J］.情报科学，2009，27（8）：1152-1156+1160.

④ 毕家娟，杨现民.联通主义视角下的个人学习空间构建［J］.中国电化教育2014，（8）：48-54.

⑤ 唐习华.高校退休教师资源的开发和利用［J］.南京财经大学学报，2008（6）：99-101.

⑥ 耿翠婷.高校退休教师资源的合理利用与开发［J］.教育教学论坛，2015（10）：209-210.

⑦ 刘芳.医院管理中离退休人员发挥作用的路径探析［J］.湖南中医杂志，2020，36（8）：190-191.

构了系统全面的专业知识理论框架。这套理论知识体系并不会随着退休而消失，而是在退休后依然保持一定的惯性，依然可以发挥专业价值。经验知识资本是基于老年人长期的经验知识累积形成的知识资本类型，它注重实际操作，技能性强，在技工等岗位表现明显。当然，注重经验并不意味着不需要理论，实际上很多的职业都是理论指导下的实践。从事此类工作的老年人基于长期的工作经验在工作熟练性、敏锐性等方面具备优势。为此，可以采用退休后知识共享等方式进行二次开发。①

第三节　老年人知识资本的社会驱逐

一、老年人知识资本被驱逐现象

退休意味着从原有的工作岗位退下来。访谈发现，老年人退休后自身所携带的知识资本也进入"突然搁置"状态。这种"突然搁置"的知识资本经过长久被动或主动的"闲而不用""玩""家庭劳动"等逐步荒废，进而彻底失去生产价值，事实上形成了社会对老年人知识资本的驱逐现象。

老年人知识资本的阻断始于退休。尽管退休制度广为人知，不少单位也开展退休适应活动，但是一些老年人依然表达了"突然失去感"。不可否认，退休制度作为一种福利待遇有着独特的历史价值，但基于时间点一刀切的强制退休忽略了老年人的个体差异，很多老年人突然被判定为"无用之人"，知识资本发挥价值的渠道也突然被阻断。

随后，社会尤其是年轻人营造了一种让老年人"服老""享清福"等氛围，集体促进了老年人知识资本持续搁置、荒废。例如，子女会以休养身体为由，以"享清福"等正面合情合法理由督促老年人"闲着""远离网购"，看似在孝顺老人，实际上这种享清福是不是老年人真实的

---

① 李祥妹，王慧. 人岗匹配视角下的老年员工人力资源开发策略研究［J］. 中国人力资源开发，2016（8）：13-17.

需求值得怀疑。固然，退休后享清福、安享晚年是中国的文化习俗，也是老人的美好愿望。然而，年轻子女对于老年人新的真实需求的忽视或压制，以及对新尝试的不耐烦或阻碍看似是为了老年人的利益，实质上反映了年轻人以自我利益为中心的立场。有人指出，年轻人尤其是子女的这种所谓的为了老人好的说法，看似在保护老人，实际上可能是在以刻板印象"绑架"老人，有意或合谋地推进老人在退休后进入"废物"①状态。也有老年人退休后并不是"闲着""享清福"，而是有了新的任务。例如，有的老年人帮助子女带孩子、做饭、做家务等。这些事务似乎在劳动，但原有的专业知识资本被搁置了，脱离了社会生产性劳动。他们做着保姆式的辅助工作，目的在于帮助子女减轻负担。"帮扶孩子"看似是合乎情理的做法，但也可能忽略和牺牲了老人的真实需求。

最终，在"享清福""帮扶孩子"等文化渲染中，经过五六年的持续搁置、荒废，老年人的知识资本彻底失去了时效性，进入了完全"无用化"的状态。很多65岁以上的老人如果前期缺乏知识资本再生产，大多认为自己无用。退休后就无所事事的人其实慢则五六年时间，快则一两年就进入了自我无用论的思维中。这实际上是社会迫使老年人退休后适应无用认知，并不断成为这一偏见下的老年人。正是在外部驱逐和老年人内部自我认可下，老而无用的"老年人惯习"养成，老年人的知识资本被完全驱逐。

二、驱逐老年人知识资本的原因

驱逐老年人知识资本的原因是复杂的，劳动文化、退休制度、家庭内需和身体衰退交互影响，诱发老年人知识资本被驱逐现象。

劳动文化深刻影响着老年人知识资本生产的机会。一方面，年轻人尤其是作为子女文化观念上认为老年人应当安享晚年，再出去工作是"瞎折腾"；另一方面，老年人本身的文化观念也不支持老年阶段的知识

---

① "废物式"养老正在绑架中国老人 [EB/OL]（2019-08-01）. https：//m. sohu. com/a/330770596_ 662577/.

资本再生产。很多老年人退休后就不想学习了。不想学背后的原因与我国劳动文化有密切的关系。劳动如果只是当作获取报酬维持生活的手段，那么"只要肉体的强制或其他强制一停止，人们就会像逃避瘟疫那样逃避劳动"①。目前进入老龄阶段的部分老年人往往经历过艰辛劳动的日子，对于劳动的记忆也充满了辛苦色彩。改革开放以来的社会转型中，中国经济在短期内赶超式的快速发展也建立在普通民众的高劳动强度之上。不少受访者认为上班是很累、很辛苦的事情，退休才能够活得舒畅自由。

制度上，按照"上学—工作—退休"的三阶段模式，退休意味着老年人不再工作和学习。当前我国老年人再就业率低，2023 年我国城镇和农村 60 岁至 64 岁的老年人就业比例分别为 18.83% 和 46.11%。② 脱离理论认为，一方面，部分老年人身体衰退，并不适合在原有的岗位上继续工作；另一方面，为了社会的整体新陈代谢，尤其是年轻人的发展，老年人从原有的体系中撤离出来。这种对老年人无用无能的假设，反映了社会对于老年人的消极态度。尽管国家提出了构建养老、孝老、敬老政策体系以及积极应对老龄化的战略，但文化观念的转变并非一蹴而就。一些地方政府部门存有消极老龄化的思想，只要老年人不出事就会愿意积极作为。由此按照既有的制度办事，而发挥老年人潜在的知识价值也就不是更为重要的事情了。

家庭生活的需求也抑制了老年人知识资本的流动。除了配偶的需要，由于年轻人较大的工作压力，子女家庭也迫切需要老人的帮忙，尤其在家带孩子、做饭等事宜。尽管老人没有照顾孙辈的法定义务，但是在文化传统和现实压力下，道德义务依然具有强大的挤压力。为此，有人提出要建立 0~3 岁托幼服务体系，将老人从照顾子孙的事务中解脱出来，从而为发挥老年人的社会价值创造空间。

个体上，老年人身体衰退速度与知识资本被驱逐的速度也有密切关联。对于失能失智老人，其知识资本基本上被快速驱逐。其他非健康状

---

① 马克思恩格斯文集（第 1 卷）[M]．北京：人民出版社，2009：159.
② 经济日报．老年人再就业释放人口红利，https：//baijiahao.baidu.com/s? id = 1767182436306167849&wfr = spider&for = pc.

态则因人而异地影响老年人知识资本再生产。很多老年人处于亚健康、半失能失智状态，基于风险的担忧，放弃了文化知识资本的继续生产。身体疾患带来的疼痛、焦虑、担忧直接影响老年人的总体状态、生活态度，面对严重的身体问题，休养治病就是最迫切的需求与策略，继续发挥余热的意愿也会受到影响。

第四节　老年人知识资本的再生产

知识经济形态包括知识的生产、分配和消费使用等重要因素[①]，类似的人力资本再生产遵循着生产、流通、使用过程[②]。总体上，可以把老年人知识资本再生产过程概括为知识资本生产、流通和使用三个环节。

一、老年人知识资本的生产

老年人劳动文化变迁、健康支撑以及持续性学习是实现老年人知识资本再生产的必要条件。

老年人个体对于劳动文化的认识存在分化，越来越多的老年人有意愿参与知识生产。传统的劳动文化认为劳动是艰辛、无奈、辛苦的。进入新时代，劳动的意义也在发生变化，成为走向美好生活的需要。从人的全面发展角度看，劳动应该成为人的能力发展的途径。[③] 部分老人退休后并没有像普通老人那样打扑克、玩麻将，他们的共性就是不服老，能够继续主动"找点事"。

对老年人要区分看待，尤其是"活力长者"与病残老人的区分。健康、亚健康，甚至半失能半失智老人依然具有知识生产的活力和可能性，且这种可能性在知识经济时代得以扩展。老年人身体衰退主要集中在体

① 杨志锋，邹珊刚. 知识资源、知识存量和知识流量：概念、特征和测度 [J]. 科研管理，2000（4）：106.

② 曹家和，孙芬. 基于新兴古典经济学与人力资本再生产的人力资源专业化研究 [J]. 生产力研究，2007（12）：17-19.

③ 李霞. 新时代美好生活方式的人的全面发展尺度 [J]. 山东社会科学，2021（10）：146-151.

力上，研究显示老人的晶体智力、智力技能保持稳定甚至增长。① 基于知识经济时代岗位的特性，还有很多老年人身体尚可，足以支撑知识资本的生产。国际上还提出第三龄和第四龄概念，前者为退休后至还未丧失生活能力前，后者为丧失生活能力后。第三龄即是蕴含丰富知识资本的年龄段。我国第七次人口普查结果显示，我国 60 岁及以上人口中，60～69 岁的低龄老人占 55.83%。这意味着我国目前尚处于"年轻老龄化"的阶段，有一半以上的老年人属于第三龄人，他们还有着较大的知识资本开发潜力。当然，人口老龄化的快速推进，活力长者的数量也在变化。为了保持活力长者的数量，持续发挥知识资本的价值，需要政策大力支持促进老年健康时长的保持和延续。

老年人还要保持知识学习。由于工作岗位分殊，老年人保持学习程度与方式呈现两类分殊——知识稳固型、知识更新与迁移型。一些专业门槛高、专业性强的行业，知识更新慢，不可替代性强，稳固知识即可维持知识资本。当然，网络时代不少职业知识更新迅速，为了适应岗位需要，或者从事新的工作岗位，老年人需要持续不断地学习。这属于知识更新与迁移型。老年人需要对本专业的社会动态一直保持关注，也主动想办法学而不辍。除了老年个体的努力，国家教育政策支持也很必要。在国外，很多高校老人和年轻大学生一起上课学习，有机会推进知识的更新与迁移。国内的高校则很少看到老年学生。我国所谓的老年大学实际上并没有纳入高等教育体系。老年大学名为"大学"，实际上所教授的更多是艺术类课程，是为了满足老年人陶冶情操、消磨时光的需求。老年人所需要的职业知识教育、专业教育尚需系统的制度设计。

二、老年人知识资本的流通

老年人携带的知识资本流向官方渠道、市场和社会组织，表现出不同的特点。

官方路径是目前老年人发挥知识资本价值的重要方式，但存在门槛

---

① 龚晓洁，张剑.人类行为与社会环境［M］.济南：山东人民出版社，2014.

高的问题。一些老医生和老教师通过单位返聘可以再干几年。政府内的关心下一代工作委员会、群团组织等有关部门的重要任务是发挥老年人的价值，也聘用了不少老年人。然而，这些返聘、聘用并非面向普通老年大众，而是以知名、水平高者为要求。2020年教育部启动了2021—2022学年《高校银龄教师支援西部计划实施方案》，提出要"发挥高校优秀退休教师的政治优势、经验优势和专业优势"，为西部高等教育提供支持。这一方案面向的群体是副高以上职称人员，门槛并不低。访谈发现，没有名气或者名气低的高校普通退休教师基本上没有被官方主动遴选的机会，大多数沉入家庭，淹没了知识资本。

传统的市场提供给老年人知识资本流向的空间较少。然而，互联网时代，新媒体技术的发展为老年人知识资本的流向提供了新的出路。据报道，我国有5万老年人在喜马拉雅App做主播①。其中有64岁退休警官分享刑侦大案，有百岁老中医直播健康养生知识，有71岁背包客分享世界各国之美，等等。此外，抖音等App也常见老年人的直播身影。

社会组织流向表现出了迫切性。一些老年人希望用专业知识开展社会服务。但有关老年人的社会组织还存在诸多问题。相对于经济发展水平，我国社会领域建设滞后。目前我国老年社会组织生成缓慢、资金不足、能力欠缺、吸引力差，甚至有的社区没有老年社会组织。② 同时，现有的老年人相关社会组织也存在不规范、违规甚至诈骗等违法行为。因此，社会组织依然还有较大的提升空间，这也使得老年人知识资本的社会性流向受到较大的限制。

三、老年人知识资本的使用

老年人知识资本使用环节是老年人运用自身的知识在社会再生产中发挥作用的过程。老年人进入劳动待消费阶段，其核心问题是发挥作用

---

① 人民网. 喜马拉雅上的5万老年人主播：这也是前浪的时代［EB/OL］.（2024-01-10）. http：//sh.people.com.cn/n2/2021/0304/c134768-34604841.html.

② 张诚. 培育社会资本：建设社会治理共同体的方向与路径［J］. 东北大学学报（社会科学版），2021，23（5）：47-53.

的位置和效果①。

在互联网等新兴领域，不少老年人借助新媒体自主创业发挥知识资本的价值。这些老年主播通过互联网平台实现知识的代际传递，分享人生经验、智慧，促进自我就业。但在传统的就业领域，由于年轻人就业挤压效应，老年人知识资本再生产的空间较小。一些层次低、辅助的岗位，比如保安、小区保洁、做绿化工作等多是年轻人不愿意做的岗位，不少老年人参与其中，但并没有事实上发挥知识资本的价值。发挥老年人知识资本的职位并不多，更多是辅助性的角色。重要原因在于如何处理好年轻人与老年人就业问题。这种限制需要在制度层面作出平衡，而政策的重点在于拓宽老年人的就业机会。现行的法律将老年人再就业的经济活动定位为民事劳务关系，而非劳动关系。这导致老年人就业的法律保障不足。

即使如此，当前部分老年人知识资本使用成效已经表现在多个方面。产业效应上，老年知识资本通过独立再生产或者支持年轻人的知识资本再生产，促进了经济效益提升。老年人知识资本在养老扶幼，化解纠纷，激发社会力量，促进年轻人成长，增进社会文明等方面发挥着重要作用。通过老年人开展爱国主义教育或宣传是可行的方式，也具有独特的优势。在不少地方基层治理创新中，利用老年人独特的智慧型知识，让"五老"（老党员、老干部、老退役军人、老模范、老教师）扮演"和事佬""老娘舅"角色，促进了纠纷调解、家风塑造，提升了基层治理水平。总体来说，老年人知识资本的优势通过"技术与管理上的传帮带"、相关岗位的拾遗补缺，与年轻人就业互补，成为发展经济、传承技艺、化解纠纷、维护稳定的重要力量。②

四、面向年龄正义的老年知识资本

老年人知识资本是老年人投资和利用知识资源获得回报的一种资本

---

① 李东光. 柔性人力资源供应链管理系统的创建 [J]. 中国人力资源开发，2013（1）：32-36.

② 李连友，李磊. 构建积极老龄化政策体系释放中国老年人口红利 [J]. 中国行政管理，2020（8）：21-25.

类型；由于艰辛劳动文化、强制退休制度、家庭需求以及身体衰退，老年人知识资本被驱逐。随着劳动文化变迁、健康的支撑以及持续性学习，老年人知识资本得以生产，努力流向官方渠道、市场和社会组织；主要在辅助岗位使用老年人知识资本，带来产业和社会效益。

老年人的知识资本问题本质上反映了年轻人和老年人关系的问题，表现为"年龄歧视"。当前驱逐老年人知识资本的诸多因素代表了以年轻人利益为中心的文化倾向，反映了年轻人对于"年老"的一种文化成见①。将年轻人和老年人二元对立，实质上陷入了西方实体主义思维的窠臼。当前老龄社会治理诸问题正是源于这种对立驱逐思想，以年轻人口为核心设置社会观念、文化和制度政策安排，缺乏对老龄社会的包容和适应。② 关系主义摒弃实体主义的弊端，追求对立中的统一，在交互关系中③看待年轻人和老年人的知识资本。基于此，本书提出"知识共生"概念，用于表达和倡导年轻人和老年人的知识资本共存、共促、共发展。"共生"原本表达不同主体之间的互利关系，"知识共生"从知识角度表明老年人知识资本和主流的年轻人知识资本从对立走向动态平衡、相互促进相互支持的关系。老年人知识资本可以促进年轻人的发展，年轻人的主流知识资本可以包容老年人知识资本，两者优势互补相得益彰。在知识的生态下，年轻人知识资本和老年人知识资本都不可或缺，只是处于生态中不同位次而已。为此，我们认为应当倡导和践行"知识共生"理念，尤其强调赋予老年人知识的资本价值，承认和尊重老年知识资本。这是回应我国构建敬老、爱老、孝老的社会政策环境的内在要求，也是开发老年人人力资源，积极应对老龄化的应有之义。

老年人知识资本及其再生产过程，为政策设计重新发掘老年人知识资本的价值提供了依据，从而有助于落实积极老龄化战略。当前的政策

---

① 费伊·邦德·艾伯蒂. 孤独传 [M]. 张畅，译. 译林出版社，2021.

② 彭希哲，胡湛. 当代中国家庭变迁与家庭政策重构 [J]. 中国社会科学，2015（12）：113-132+207.

③ EMIRBAYER M. Mustafa emirbayer manifesto for a relational sociology [J]. The American Journal of Sociology, 1997, 103（2）：281-317.

已经意识到使用老年人知识资本的价值，但还处于探索阶段。未来，针对"老而无用论"的传统观点，我们应当在全社会宣传老年人知识资本价值，倡导"年龄平等""知识共生"的理念，承认和尊重老年人的知识资本；针对抑制老年人知识资本的因素，我们应当为有意愿"退而不休"的老年人保留空间；我们应当设计和完善托幼服务体系，帮助老年人从照看孙辈的事务中脱身出来，有机会从家庭重新回归社会；我们应当倡导和推进劳动文化加速变革，倡导劳动作为老年人成长发展的需要。针对老年人知识资本再生产过程，我们应当搭建系统支持性体系，推进老年人终身学习，建设老年高等教育体系，大力发展社会组织和支持政府、市场领域开发老年岗位，平衡年轻人和老年人就业机会，构建老年人就业保障体系。由此，充分发挥老年知识资本的作用，释放老年人口红利，积极应对老龄化挑战。

当然，这里的观点依然有局限性。我们的主要是聚焦于老年人知识资本的再生产问题，而相关联的问题还需要未来进一步研究。例如，制度设计如何贯彻"终身学习"理念重构老年大学教育；在当前科技快速发展的时代，基于新媒体技术如何实现老年知识资本再生产①；老年人知识资本的区域差异；老年人与年轻人知识再生产中的关系问题等。

---

① 高茜，许玲．"互联网+"时代美国老年教育服务供给模式探析［J］．中国职业技术教育，2020（33）：34-40.

参 考 文 献

[1] 国家卫健委.2035 年左右中国进入重度老龄化［EB/OL］.（2022-
09-20）［2022-09-10］.https：//m.thepaper.cn/baijiahao_ 19980058.

[2] 黄兴涛.晚清民初现代"文明"和"文化"概念的形成及其历史实
践［J］.近代史研究，2006（6）：1-35.

[3] 尤学文.文化育人［M］.银川：宁夏人民出版社，2015.

[4] 何平.中国和西方思想中的"文化"概念［J］.史学理论研究，
1999（2）：68-79+159.

[5] 姚远.关于中国老年文化的几个理论问题［J］.市场与人口分析，
2000（2）：54-60.

[6] 宋惠昌.简论现代社会的老年文化［J］.道德与文明，1999（5）：
42-43.

[7] 陈友华.社会变迁与老年文化重构［J］.人口与发展，2013，19
（5）：78-88.

[8] 倪洪兰.论老龄社会背景下江苏老年文化的创新［J］.唯实，2011
（10）：88-91.

[9] 李祥臣，俞梦孙.主动健康：从理念到模式［J］.体育科学，2020
（2）：83-89.

[10] 申曙光，曾望峰.健康中国建设的理念、框架与路径［J］.中山
大学学报（社会科学版），2020（1）：168-178.

[11] 董传升.走向主动健康：后疫情时代健康中国行动的体育方案探索

［J］．体育科学，2021，41（5）：25-33.

［12］似刚彦，刘皓．当代老年锻炼心理研究述评［J］．天津体育学院学报，1999（2）：5-9.

［13］庄子·达生［M］．上海：上海古籍出版社，2001：75.

［14］路志峻，田桂菊．中国传统养生学［M］．兰州：兰州大学出版社，2008：10.

［15］程程．养生食品的文化价值研究［D］．无锡：江南大学，2012.

［16］赵美荣．红色文化的传播困境及实践路径：基于红色文化融入思想政治教育的思考［J］．山西青年职业学院学报，2022，35（4）：93-97.

［17］刘琨．红色文化研究［D］．沈阳：辽宁大学，2015.

［18］沈成飞，连文妹．论红色文化的内涵、特征及其当代价值［J］．教学与研究，2018（1）：97-104.

［19］李霞．先秦养老问题研究［D］．西安：陕西师范大学，2005.

［20］肖群忠．孝与中国国民性［J］．哲学研究，2000（7）：34.

［21］沈善洪，王风贤．中国伦理学说史［M］．杭州：浙江人民出版社，1985.

［22］任满丽．对"孝"的观念继承的思考［J］．贵州社会科学，1997（3）：53-54.

［23］朱岚．中国传统孝道七讲［M］．北京：中国社会出版社，2009.

［24］姜志信，杨贺敏．孝观念的产生及其内涵［J］．河北大学学报（哲学社会科学版），1997（2）：112.

［25］王瑾．孝道文化的历史演变与现代传承研究［D］．青岛：青岛科技大学，2015.

［26］王瑾．孝道文化的历史演变与现代传承研究［D］．青岛：青岛科技大学，2015.

［27］姚远．关于中国老年文化的几个理论问题［J］．市场与人口分析，

2000（2）：54-60.

［28］何如意.新时代背景下传统孝道伦理的挑战与建构［J］.大众文艺，2018（17）：230-231.

［29］穆光宗."文化养老"之我见［J］.社会科学论坛（学术评论卷），2009（6）：132-138.

［30］张再云，魏刚.代际关系、价值观和家庭养老：关于家庭养老的文化解释［J］.西北人口，2003（1）：53-55.

［31］穆光宗."文化养老"之我见［J］.社会科学论坛（学术评论卷），2009（6）：132-138.

［32］陈友华.社会变迁与老年文化重构［J］.人口与发展，2013，19（5）：78-88.

［33］彭华茂.21世纪中国老年心理学研究：现状与未来［J］.心理发展与教育，2017，33（4）：496-503.

［34］胡英娣.老年人心理与行为［M］.北京：海军出版社，2017.

［35］张伟新，王港、刘颂.老年心埋学概论［M］.南京：南京大学出版社，2020.

［36］郭凤志.文化自信：民族文化主体性、文化实力和文化价值的集成［J］.新长征，2023（10）：32-34.

［37］张彦，杨思远.文化自信自强的主体性阐释［J］.浙江学刊，2023（5）：40-47.

［38］习近平在文化传承发展座谈会上强调担负起新的文化使命努力建设中华民族现代文明［N］.人民日报，2023-06-03（1）.

［39］董悦，李凌云，唐洁秋.青年自组织研究：以杭州市为例［J］.中国青年研究，2008（3）：5-12.

［40］陆平.我国青年自组织的现状调研［J］.理论前沿，2008（24）：45-46.

［41］谭建光，张文杰，袁建.经济发达地区的青年自组织：来自广东省珠

江三角洲地区的调查研究［J］．中国青年研究，2008（3）：13-16.

［42］刘伟．国家治理视域下我国社会自组织状况再考察［J］．学习与
实践，2015（4）：74-81.

［43］罗家德，孙瑜，谢朝霞，等．自组织运作过程中的能人现象［J］．
中国社会科学，2013（10）：87.

［44］唐斌．社会工作专业干预下的同伴教育：以上海市P镇"女性戒毒
沙龙"为例［J］．青少年犯罪问题，2008（6）：68.

［45］童敏．社会工作的自助和同伴支持理念的产生和演变：西方精神健
康服务模式的发展轨迹［J］．华东理工大学学报（社会科学版），
2009，24（4）：6.

［46］唐斌．社会工作专业干预下的同伴教育：以上海市P镇"女性戒毒
沙龙"为例［J］．青少年犯罪问题，2008（6）：68.

［47］胡献忠．社会"自组织"现象与党的青年群众工作［J］．中国青
年研究，2013（9）：6-13.

［48］刘伟．国家治理视域下我国社会自组织状况再考察［J］．学习与
实践，2015（4）：74-81.

［49］杨东波．山东青年自组织发展研究［D］．济南：山东大学，2012.

［50］江必新，邵长茂．社会自组织管理的司法应对［J］．行政法学研
究，2010（4）：3-12.

［51］王义，许姗姗，郭开怡．流动人口自组织问题及政府管理对策探究
［J］．甘肃社会科学，2003（6）：91-95.

［52］朱鸿庆．社会治安管理视野下的社会自组织研究［D］．上海：华
东政法大学，2011.

［53］王劲颖．以改革思维全面深化社会组织管理制度改革［J］．长沙
民政职业技术学院学报，2014，21（3）：2-5.

［54］广西壮族自治区民政厅．广西公布"广西韩国商会"等12家涉嫌
非法社会组织名单［EB/OL］（2018-07-13）［2018-07-02］．ht-

tps：//www. thepaper. cn/newsDetail_ forward_ 2262837

［55］ 吴彤. 自组织方法论论纲［J］. 系统辩证学学报，2001，9（2）：
4-10.

［56］ 杜云波. 从社会系统看自组织［J］. 江汉论坛，1988（8）：
13-18.

［57］ 罗家德，贾本土. "自组织"的运行之道［J］. 中国人力资源开
发，2014（10）：94-99.

［58］ 安东尼·吉登斯. 社会的构成：结构化理论大纲［M］. 上海：三
联书店，1998.

［59］ 布迪厄，华康德. 实践与反思：反思社会学导引［M］. 李猛，李
康，译. 北京：中央编译出版社，2004.

［60］ 民政部：我国目前有近 90 万家社会组织，从业人员已超 1100 万
人，https：//baijiahao. baidu. com/s？id＝1776832681738868738&
wfr＝spider&for＝pc.

［61］ 高红，张志勤. 备案制与我国基层社会组织发展创新［J］. 中共
青岛市委党校. 青岛行政学院学报，2012（5）：50.

［62］ 肖瑛. 从"国家与社会"到"制度与生活"：中国社会变迁研究的
视角转换［J］. 中国社会科学，2014（9）：91.

［63］ 杨超，何雪松. 社会工作的关系视角［J］. 学海，2017（4）：
134-135.

［64］ 肖瑛. 从"国家与社会"到"制度与生活"：中国社会变迁研究的
视角转换［J］. 中国社会科学，2014（9）：88.

［65］ 俞可平. 中国公民社会：概念、分类与制度环境［J］. 中国社会
科学，2006（1）：109.

［66］ 彭善民. 枢纽型社会组织建设与社会自主管理创新［J］. 江苏行
政学院学报，2012（1）：64-67.

［67］ 詹姆斯·S. 科尔曼. 社会理论的基础［M］. 邓方，译. 北京：社

会科学文献出版社 1999.

［68］葛道顺．镶嵌、自主与弱势群体的社会资本重建［J］．社会政策评论，2007（1）：242-254.

［69］孙璐．论城市弱势群体社会资本的提升：从社区支持的角度［J］．湖北社会科学，2007（4）：40-42.

［70］朱眉华，文军．社会工作实务手册［M］．北京：社会科学文献出版社，2006.

［71］钱宁，田金娜．农村社区建设中的自组织与社会工作的介入［J］．山东社会科学，2011（10）：29.

［72］权衡．共容性组织与激励性增长：超越"政府—市场"的分析逻辑：政党功能的经济学思考［J］．学术月刊，2011（6）：71.

［73］罗家德，孙瑜，谢朝霞，等．自组织运作过程中的能人现象［J］．中国社会科学，2013（10）：86.

［74］谢宇．老年教育特色项目建设路径构建策略［J］．宁波广播电视大学学报，2020，18（4）：1-4.

［75］翟绍琪，彭迎春，张志颖，等．老龄健康风险冲击下的社区老年照护关怀体系探究［J］．中国卫生事业管理，2023，40（7）：491-493.

［76］邢荔函，杜立琛，牛越，等．老年抑郁症患病危险因素研究［J］．中国卫生统计，2019，36（6）：866-869.

［77］方亚君．文化养老视域下老年教育发展路径探析［J］．内蒙古电大学刊，2022（4）：105-108.

［78］刘欢．思政教育视角的文化养老与老年教育［J］．中学政治教学参考，2023（43）：101.

［79］沈惠娜．社区文创与老年教育的融合发展研究［J］．文化产业，2022（2）：139-141.

［80］王亦敏，张惠雯．区域文化在海滨老年社区中的应用模式［J］．

包装工程，2018，39（18）：10-13.

[81] 仇丽萍．积极应对人口老龄化　推动文化养老高质量发展［J］．中共伊犁州委党校学报，2022（3）：78-82.

[82] 赵宝泉．做强老年特色产业　构筑"文化养老"标杆［J］．中国报业，2021（5）：40-41.

[83] 张少芳．老年教育体系构建的原则、影响因素及路径选择［J］．成人教育，2019，39（8）：41-46.

[84] 卜嘉敏，戴蔓琳．乡村文化振兴语境下老年人的媒介使用偏好研究：基于对淮安市 Y 镇的调查［J］．东南传播，2020（5）：59-62.

[85] 陈月华，兰云．基于中国文化的老年群体媒介诉求分析［J］．现代传播（中国传媒大学学报），2010（9）：16-20.

[86] 唐晶莹．福建省老年文化产业对策研究［D］．福州：福建师范大学，2013.

[87] 花建．产业界面上的文化之舞［M］．上海：上海人民出版社，2002.

[88] 齐仁庆．中国文化产业发展的价值取向问题研究［D］．长春：东北师范大学，2012.

[89] 罗栋．人口老龄化背景下中国老年旅游产业发展研究［D］．武汉：武汉大学，2015.

[90] 聂川云．村落式旅游养老开发研究［D］．金华：浙江师范大学，2016.

[91] 赵昭．未来中国老年用品市场走向分析［J］．市场论坛，2015（10）：55-57.

[92] 张婷．代老寻宝记：探秘北京首家老年用品展示中心［J］．中国社会工作，2017（14）：16-17.

[93] 宁星，张家祺．老年人休闲产品设计研究［J］．大众文艺，2010

(17)：34.

[94] 陈泓任, 李其原. 南充市老年人休闲的特征及对策研究 [J]. 重
庆科技学院学报 (社会科学版), 2014 (12)：42-63.

[95] 陈泓任, 李其原. 南充市老年人休闲的特征及对策研究 [J]. 重
庆科技学院学报 (社会科学版), 2014 (12)：42-63.

[96] 穆光宗. 老年发展论：21 世纪成功老龄化战略的基本框架 [J].
人口研究, 2002 (6)：29-37.

[97] 金光照, 陶涛, 刘安琪. 人口老龄化与劳动力老化背景下中国老年
人力资本存量与开发现状 [J]. 人口与发展, 2020, 26 (4)：
60-71.

[98] 刘家强. 老年人力资源开发是解决老龄问题的基础 [N]. 光明日
报, 2014-10-28 (12).

[99] 岳耀梅. 知识资本概念理论综述 [J]. 环球市场信息导报, 2015
(2)：85.

[100] 穆光宗. 老年发展论：21 世纪成功老龄化战略的基本框架 [J].
人口研究, 2002, 26 (6)：29-37.

[101] 王树新, 杨彦. 老年人力资源开发的策略构想 [J]. 人口研究,
2005 (3)：63-69.

[102] 李祥妹, 王慧. 人岗匹配视角下的老年员工人力资源开发策略研
究 [J]. 中国人力资源开发, 2016 (8)：13-17.

[103] 张新华, 张飞. "知识" 概念及其涵义研究 [J]. 图书情报工
作, 2013, 57 (6)：49-58.

[104] 杨志锋, 邹珊刚. 知识资源、知识存量和知识流量：概念、特征
和测度 [J]. 科研管理, 2000 (4)：105-111.

[105] 花双莲, 穆毅, 贺丽. 知识资本 [J]. 新理财, 2010 (12)：
70-71.

[106] 林南, 牛喜霞. 资本理论的社会学转向 [J]. 社会, 2003 (7)：

29-33.

[107] 江庆勇. 知识资本测度的前沿研究 [J]. 浙江大学学报（人文社会科学版），2015，45（4）：142-156.

[108] 谭小琴. 知识资本的国内外研究进展与展望 [J]. 山东高等教育，2014，2（8）：78-87.

[109] 郑美群. 基于智力资本的高技术企业绩效形成机理研究 [D]. 吉林：吉林大学，2006.

[110] 冯天学，田金信. 知识资本的概念、结构与特征分析 [J]. 哈尔滨工业大学学报（社会科学版），2006（1）：82-86.

[111] 杨志锋，邹珊刚. 知识资源、知识存量和知识流量：概念、特征和测度 [J]. 科研管理，2000（4）：105-111.

[112] 李连友，李磊. 构建积极老龄化政策体系释放中国老年人口红利 [J]. 中国行政管理，2020（8）：21-25.

[113] 冯天学，田金信. 知识资本的概念、结构与特征分析 [J]. 哈尔滨工业大学学报（社会科学版），2006（1）：85.

[114] 于潇，孙悦. "互联网+养老"：新时期养老服务模式创新发展研究 [J]. 人口学刊，2017，39（1）：58-66.

[115] 许肇然，胡安安，黄丽华. 国内外老年人互联网使用行为研究述评 [J]. 图书情报工作，2017，61（20）：140-148.

[116] 许佃兵，孙其昂. 完善我国社会养老服务体系的深层思考：基于江苏养老服务现状的考察分析 [J]. 学海，2011（6）：92-95.

[117] 姜振华. 城市老年人社区参与的现状及原因探析 [J]. 人口学刊，2009（5）：38-43.

[118] 上官景昌，陈思. 知识管理研究中数据、信息、知识概念辨析 [J]. 情报科学，2009，27（8）：1152-1156+1160.

[119] 毕家娟，杨现民. 联通主义视角下的个人学习空间构建 [J]. 中国电化教育2014，（8）：48-54.

［120］唐习华．高校退休教师资源的开发和利用［J］．南京财经大学学报，2008（6）：99-101．

［121］耿翠婷．高校退休教师资源的合理利用与开发［J］．教育教学论坛，2015（10）：209-210．

［122］刘芳．医院管理中离退休人员发挥作用的路径探析［J］．湖南中医杂志，2020，36（8）：190-191．

［123］李祥妹，王慧．人岗匹配视角下的老年员工人力资源开发策略研究［J］．中国人力资源开发，2016（8）：13-17．

［124］"废物式"养老正在绑架中国老人［EB/OL］（2019-08-01）．https：//m. sohu. com/a/330770596_ 662577/．

［125］马克思恩格斯文集（第1卷）［M］．北京：人民出版社，2009：159．

［126］经济日报．老年人再就业释放人口红利，https：//baijiahao. baidu. com/s？id＝1767182436306167849&wfr＝spider&for＝pc．

［127］杨志锋，邹珊刚．知识资源、知识存量和知识流量：概念、特征和测度［J］．科研管理，2000（4）：106．

［128］曹家和，孙芬．基于新兴古典经济学与人力资本再生产的人力资源专业化研究［J］．生产力研究，2007（12）：17-19．

［129］李霞．新时代美好生活方式的人的全面发展尺度［J］．山东社会科学，2021（10）：146-151．

［130］龚晓洁，张剑．人类行为与社会环境［M］．济南：山东人民出版社，2014．

［131］人民网．喜马拉雅上的5万老年人主播：这也是前浪的时代［EB/OL］．（2024-01-10）．http：//sh. people. com. cn/n2/2021/0304/c134768-34604841. html．

［132］张诚．培育社会资本：建设社会治理共同体的方向与路径［J］．东北大学学报（社会科学版），2021，23（5）：47-53．

［133］李东光．柔性人力资源供应链管理系统的创建［J］．中国人力资源开发，2013（1）：32-36.

［134］李连友，李磊．构建积极老龄化政策体系释放中国老年人口红利［J］．中国行政管理，2020（8）：21-25.

［135］费伊·邦德·艾伯蒂．孤独传［M］．张畅，译．译林出版社，2021.

［136］彭希哲，胡湛．当代中国家庭变迁与家庭政策重构［J］．中国社会科学，2015（12）：113-132+207.

［137］高茜，许玲．"互联网+"时代美国老年教育服务供给模式探析［J］．中国职业技术教育，2020（33）：34-40.

［138］RAYMOND W. Keywords：A Vocabulary of Culture and Society［M］．Oxford：Oxford University Press，1976.

［139］RITTER H. Dictionary of Concepts in History［M］．New York：Greenwood publishing Press，1986.

［140］TYLOR E B. Primitive Culture［M］．London：John Murray，1871.

［141］JOHNSON H M. Sociology：A Systematic Introduction［M］．London：Routledge & Kegan Paul，1961.

［142］GOLDTHORPE J. An Introduction to Sociology［M］．Cambridge University Press，1985.

［143］SELIGMAN M E P. Positive Health［J］．applied psychology，2008（57）：3-18.

［144］CUNNINGHAM W R，BROOKBANK J W. Gerontology：The Psychology，Biology，and Sociology of Aging［M］．New York：Harper & Row，1988.

［145］EBERSOLE P，HESS P. Toward healthy aging：Human needs and nursing response（5th ed.）．St. Louis，MO：Mosby，1998.

［146］EBERSOLE P，HESS P. Toward healthy aging：Human needs and nursing response（5th ed.）. MO：Mosby, 1998.

［147］ OSTROM E. building trust to solve commons dilemmas：taking small steps to test an evolving theory of collective action Ganes, Groups and the Global Good ［M］. New York：Springer, 2009.

［148］ EMIRBAYER M. A Manifesto for a relational sociology ［J］. American journal of sociology, 1997（2）.

［149］ STEWART T A. brainpower：how intellectual capital is becoming american's most valuable asset ［J］. Fortune, 1991（3）：40-56.

［150］ EMIRBAYER M. Mustafa emirbayer manifesto for a relational sociology ［J］. The American Journal of Sociology, 1997, 103（2）：281-317.

后 记

当前中国已经进入中度老龄化阶段，未来二三十年将加速进入重度老龄化社会。因此，老年群体相关议题日益凸显，国家也提出了积极应对人口老龄化的战略。文化作为老年生活的重要组成部分备受关注。目前国内专门围绕老年文化展开论述的著作较少，本书是回应这一议题的成果。

本书从老年文化的内涵、历史发展、主体、自组织、项目等方面分章节论述了老年文化的相关内容，较为系统地建构了老年文化学的主体框架。本书由刘梅秀、杨超策划，设计了整体框架，并撰写了第四章、第九章；研究生谢欢协助完成了第一章、第二章，任慧协助完成了第三章、第八章，尚金意协助完成了第五章、第六章、第七章。刘梅秀对三位研究生的初稿进行了较大的调整，完成了最终的定稿。最后刘梅秀、杨超对全书进行了校正。

本书的完成得益于多方的努力，感谢研究生同学的协助，感谢同事的积极指导，也特别感谢出版社编辑的辛勤付出。

2024 年 5 月

主编